历史教学设计与实践研究

贾云涛　著

哈尔滨出版社
HARBIN PUBLISHING HOUSE

图书在版编目（CIP）数据

历史教学设计与实践研究 / 贾云涛著. — 哈尔滨：
哈尔滨出版社, 2020.12
　ISBN 978-7-5484-5002-3

　Ⅰ.①历… Ⅱ.①贾… Ⅲ.①中学历史课—教学设计
—高中 Ⅳ.①G633.512

中国版本图书馆CIP数据核字(2020)第186774号

书　　名：**历史教学设计与实践研究**
LISHI JIAOXUE SHEJI YU SHIJIAN YANJIU

作　　者：贾云涛　著
责任编辑：姚春青
责任审校：李　战
封面设计：梁浩飞

出版发行：哈尔滨出版社（Harbin Publishing House）
社　　址：哈尔滨市松北区世坤路 738 号 9 号楼　　邮编：150028
经　　销：全国新华书店
印　　刷：三河市嵩川印刷有限公司
网　　址：www.hrbcbs.com　　www.mifengniao.com
E-mail：hrbcbs@yeah.net
编辑版权热线：（0451）87900271　87900272
销售热线：（0451）87900202　87900203

开　　本：710mm × 1000mm　1/16　印张：9　字数：145千字
版　　次：2020 年 12 月第 1 版
印　　次：2020 年 12 月第 1 次印刷
书　　号：ISBN 978-7-5484-5002-3
定　　价：48.00 元

凡购本社图书发现印装错误，请与本社印制部联系调换。
服务热线：（0451）87900278

前　言

　　新课程改革对历史教育提出了新的要求，即高中历史教学不仅要让学生了解历史事件，增长历史知识，更要使学生形成历史思维，培养学生的民族自豪感、国家认同感，进而提高学生的综合素质。长久以来，高中历史在教育中占有重要地位。了解历史是每一个中学生的责任和义务，以史为鉴，从过去中总结经验和教训，更能为未来发展打下坚实的基础。

　　教学设计是以传播理论、学习理论和教学理论为基础，运用系统论的观点和方法，分析学习需要、学习者特征、学习任务、教学材料、教学活动和教学评价等诸多教学因素，以达到优化教学效果、促进学生发展的目的。而高中历史教学设计则是教学设计的普遍性原则与高中历史教学的特殊性相结合的产物，是教学科学化、系统化在高中历史教学中的表现。

　　众所周知，历史教学设计的有效性与历史教学设计的路径息息相关。高中历史知识涉猎广泛，涵盖方方面面，如果想要学生牢记历史重点，就要求教师在授课过程中能够准确把握各知识点之间的联系，并进行串联和发散，使学生对历史感兴趣。在授课前，教师首先要制定本节课的课程目标，逐步计划本节课的教学步骤，将历史知识的严谨性与课堂的趣味性相结合，寓教于乐，让学生能在乐趣中牢记本节课的重点内容。根据每个学生的不同特点制定相应的教学方法，因材施教。只有这样，学生才能在历史学科上交出让自己满意的答卷。因此，高中历史教师必须紧跟时代步伐，更新教学理念，优化教学模式，探索和完善中学历史教学设计的路径，以确保高中历史教学的高质量。

　　鉴于此，笔者撰写了《历史教学设计与实践研究》一书。本书共设置七章。第一章从历史教学设计的取向与定位、要求与原则及要素等多维视角对历史教学设计原理进行综合论述；第二章对高中历史教学设计进行学情分析；第三章探索高中历史课堂教学目标设计；第四章对高中历史课堂教学流程与环节以及逻辑的构建进行探究；第五章阐述高中历史课堂教学重点与难点的设计；第六章论述高中历史课堂教学方法与策略的设计；第七章对高中历史课堂教学设计的案例进行分析。

　　本书在撰写的过程中参考了大量相关文献，充分吸收了众多专家学者的优秀成果，在此谨向提供帮助的专家、教师、同学和朋友致以深深的感谢!由于作者水平所限，书中难免有不当和疏漏之处，望广大读者批评、指正。

目　录

第一章　历史教学设计原理综述

第一节 教学设计的概念及相关理论

一、教学设计的概念

教学设计，亦称教学系统设计，是针对教学而开展的一种特殊的设计活动。"教学设计"这一概念于20世纪60年代在美国兴起。加涅（R.M.Gagme）在《学习的条件和教学论》一书中提出了"教学是对学生在教师设置的刺激环境中适当反应的强化"，并在此基础上提出了"教学设计"的概念。我国自20世纪80年代中期以来，也在积极开展教学设计的理论研究，并致力将教学设计理论与教育、教学实践相结合。

何为教学设计？国外学者的解释有以下几种：

加涅认为："教学是以促进学习的方式影响学习者的一系列事件，而教学设计是一个系统化规划教学系统的过程"。

布里格斯（LJ.Brigs）认为："教学设计是分析学习需要和目标，以形成满足学习需要的传送系统的全过程"。[1]

肯普（J.E.Kemp）提出："教学系统设计是运用系统方法分析研究教学过程中相互联系的各部分问题和需求，确立解决它们的方法和步骤，然后评价教学成果的系统计划过程。"史密斯（P.L.Smith）和雷根（T.J.Ragan）的观点是："教学设计是指运用系统方法，将学习理论与教学理论的原理转换成对教学资料、教学活动、信息资源和评价的具体计划的系统化过程。"

瑞奇（R.Richey）认为，教学设计是"为了便于学习各种大小不同的学科单元，而对学习情景的发展、评价和保持进行详细规划的科学"。[2]

---

① 孙可平.现代教学设计纲要[M].西安：陕西人民教育出版社，1998.
② 孙可平.现代教学设计纲要[M].西安：陕西人民教育出版社，1998.

我国学者的解释则主要为以下几种：

李伯黍认为，"所谓教学设计就是为了达到一定的教学目的对教什么（课程、内容等）和怎么教（组织、方法、传媒的使用等）进行设计"。[①]

乌美娜认为，"教学系统设计是运用系统方法分析教学问题和确定教学目标，建立解决教学问题的策略方案、试行解决方案、评价试行结果和对方案进行修改的过程"。[②]

何克抗等人认为，"教学设计是运用系统方法，将学习理论与教学理论的原理转换成对教学目标、教学内容、教学方法和教学策略以及教学评价等教学环节进行具体计划，创设教与学的系统'过程'或'程序'，而创设教与学系统的根本目的是促进学习者的学习"。[③]

何成刚等人认为，"教学设计是指以传播理论、学习理论和教学理论为基础，运用系统论的观点以及方法分析学习需要、学习者特征、学习任务、教学材料、教学活动和教学评价等诸多因素，以达到优化教学的效果以及促进学生发展的目的"。[④]

赵克礼认为，"教学设计，也称教学系统设计，是以传播论、学习理论和教学理论为基础，运用系统论的观点与方法分析教学中的问题和需求，从而找出最佳解决方案的一种理论和方法。它是一种将教和学的原理转化成教学材料和教学活动的方案的系统化过程，是一种教学问题求解，侧重问题求解中方案的寻找和决策的过程"。[⑤]

上述学者从不同角度各有侧重地对教学系统设计的概念进行了解释。无论从何定义教学设计，都可窥见教学设计具有以下特征：

（1）教学设计是一项系统工程。教学活动包括教师的教、学生的学、教学内容、教学环境、教学媒体等诸多相互影响的因素，教学设计的过程就是使各要素有机结合，创设有效的教与学系统的过程。

（2）教学设计是在学习理论、教学理论、系统理论和传播理论指导下的设计。教学设计是把教学原理转化成教学材料和教学活动的计划，是对教学活动的

[①] 李伯黍.教育心理学[M].上海：华东师范大学出版社，1993.
[②] 乌美娜.教学设计[M].北京：高等教育出版社，1994.
[③] 何克抗，郑永柏，谢幼如.教学系统设计[M].北京：北京师范大学出版社，2002.
[④] 何成刚，夏辉辉，张汉林，等.历史教学设计[M].上海：华东师范大学出版社，2009.
[⑤] 赵克礼.中学历史教材研究与教学设计[M].西安：陕西师范大学出版社，2011.

预设。其预设是否科学、是否准确，需要有理论的指导，并运用理论，科学地解释设计的依据。

（3）教学设计的目的是实现教学的最优化，提高学生的学习效益，促进学生的全面发展。教学设计是以增强教学的计划性、科学性和有效性，以及促进学习者的学习为根本目的。教学设计是提高学习者获得知识及能力的效率，并提高学习者学习兴趣的技术过程。

（4）教学设计的本质是问题解决过程。教学设计主要解决"教什么""怎么教"的问题。"教什么"就是分析学习需要和学习内容；"怎么教"分析教学策略、教学媒体方式。教学设计的整个过程就是解决问题。

二、几种著名的教学设计理论及其对教学设计的启示

（一）瑞格卢斯的精细加工理论及其对历史教学设计的启示

精细加工理论的最早提出者是瑞格卢斯（Reglus），后经梅瑞尔（Merrill）和斯坎杜拉（Scandura）的进一步完善，逐步达到有效使用的标准。该理论认为，新信息的获取和保持在很大程度上取决于学习者的原有认知结构，即以认知主义为基础。瑞格卢斯认为，教学设计理论就是"教学科学"。他把教学理论的变量或要素分为教学条件、教学策略和教学效果，并进一步把教学策略变量细分为教学组织策略、教学策略和教学传输策略。他提出对教学理论进行逐层分类，一步步进行细化。瑞格卢斯的精细加工理论的主要内容可用"一二四七"概括，即一个目标、两个过程、四个环节、七个策略。

一个目标是指精细化理论的全部内容都是为了达到一个目标——按认知学习理论实现对教学内容最合理而有效的组织。

两个过程是指精细化理论主要通过两个设计过程来实现上述目标，这两个设计过程是概要设计和一系列细化等级设计。概要设计要求从学科内容中选出最基础和最有代表性的概念作为初始概要。初始概要由一个概念定义、若干概念实例和把概念应用于新情境的练习组成。"一系列细化等级设计"要求对选出的初始概要不断进行细化，细化的复杂程度和精细程度不断加深。每一级细化都是前一级呈现内容的进一步深入与扩展，通过每一次细化，教学信息越来越具体、深入、精细。如此继续下去，直至达到教学目标所要求的学科内容复杂程度为止。

细化过程是精细加工理论的核心。细化的过程与作用可以类比为变焦距镜头的照相机：照相机开始用广角镜头（相当于概要）；然后通过循环往复的变焦进入逐级细化的过程，以观看整幅画面中各个子部分的细部特征（细化后的教学内容）；接着，变焦镜头移出，以便回顾、复习学过的全部内容和确定各部分知识之间的联系。将变焦距镜头移入和移出的调节过程要反复进行，一直到整幅画面的所有部分都已按照所要求的精细等级被考察过为止。

四个环节是指为保证反复细化过程的一致性和系统性，必须注意四个教学环节的密切配合。这四个教学环节是选择、定序、综合、总结。

七个策略主要包括：①用于确定课程内容（涉及整门课程）的细化顺序的策略；②用于确定每堂课内容顺序的策略；③用于确定总结的内容及总结方式的策略；④用于确定综合的内容及综合的方式的策略；⑤用于建立新旧知识之间联系的策略；⑥用于激发学习者的学习动机与认知策略的策略；⑦用于实现学习者在学习过程中自我控制的策略。

精细加工理论对历史教学设计的启示如下：

第一，教学设计中的教学策略可以分为三类：教学组织策略、教学策略、教学传输策略，每一类又包括若干种，即教学策略是一个庞杂的概念，并非我们日常所说的教学方法。在进行教学策略的设计与选择时，要尽量全面考虑教学策略所包含的方方面面，并力争做到各方面的最大效应匹配和适应，这样才能提高教学策略的有效性和科学性。（具体详见第五章）

第二，教学内容需要精心选择和组织，尤其历史的复杂性和全面性决定了历史教学内容选择与组织的过程可能需要从多个角度和层面进行多次反复和再现，才能讲清楚一节课的史实和基本线索与全貌，才能建构学生需要的知识结构。（具体详见第四章）

（二）梅瑞尔的成分显示理论及其对历史教学设计的启示

由于精细加工理论只强调对学科知识内容的组织及教学内容顺序的安排，而未对实际教学过程给予具体指导，即只提出了宏观策略，而未涉及教学组织的微观策略。在教学设计中仅有细化理论是不够的，通常应再结合梅瑞尔的成分显示理论，才能达到理想的效果。

这是一个有关知识的描述性理论。由于清楚地显示出每一种教学活动成分和学生应达到的能力要求之间的一一对应的关系而得名。在理论中，梅瑞尔创造性地提出了"目标—内容"二维模型，该模型按照教学目标的要求设计，其横轴代表教学内容类型，包含事实性、概念性、过程性和原理性四种类型的知识，纵轴代表教学目标（学生运用知识的能力）等级，由低到高，依次分为记忆、运用和发现三级。将目标和内容二者结合本可以组合出12种教学活动成分，但由于事实性知识只要求记忆，只要能记住该事实，就能运用，而且不需要去发现"事实性知识"，这样就剩下10种不同类型的教学活动成分。然后在这10种教学活动成分与各种教学目标（希望学生应达到的能力）之间建立一一对应的关系。这种对应关系就为制订教学过程的具体"处方"，即教学组织的微策略提供了切实可靠的依据。任何教学设计人员有了这种依据，便不难根据其实际教学内容制订出相应的微策略。梅瑞尔的成分展示理论虽来源于加涅的思想，但更注重教学的实效性。

同时，梅瑞尔在概念学习研究的基础上，还设计了一套用于呈现学习内容的教学呈现分类技术，用以传达学习信息和向学生提问，并将学习内容与学习行为表现分离开来。

梅瑞尔的成分显示理论对历史教学设计的启示如下：

第一，应注意分析本课知识学习与结果所属的不同类型，按照科学的理论，思考教学目标及与之相匹配的教学过程，使教学内容的目的性更加明确和有效。

第二，教学目标的设定与表述应有严格的外在行为具体表现，尤其是能力与情感目标要有明确的外在表现作为载体，即必须是可测量和可观察的，同时这也可作为教学评价时使用的指标，即衡量学生是否达到了目标的检测点，教师可据此命制试题或其他评价工具。

表1-1 梅瑞尔教学活动成分与学生能力对应表

教学活动成分	学生应达到的能力（教学目标）	
	行为目标	教学目标的阐述
记忆事实	能回忆出事实	能写出、能描绘、能制订、能选择有关事实
记忆概念	能陈述定义	能写出、能描述有关概念的定义

教学活动成分	学生应达到的能力（教学目标）	
	行为目标	教学目标的阐述
记忆过程	能陈述步骤	能做出流程图、能列出过程的步骤、能对步骤排序
记忆原理	能说明关系	能用文字描述或用图表、曲线表示有关原理中事物之间的关系
运用概念	能分析概念	能区别概念的本质属性与非本质属性
运用过程	能演示过程	能实际操作、演示该过程（包括测量、计算、绘图等）
运用原理	能运用原理	能把原理应用于新情境，并能预测和解释所得出的结果
发现概念	能发现概念间的关系	能对概念分离并发现概念之间的各种关系（如上下位、类属及并列关系）
发现过程	能设计新过程	能设计、分析并验证新过程
发现原理	能发现事物的性质规律	能通过观察、分析、试验，发现事物之间的内在联系及性质

（三）巴纳西的宏观教学设计理论及其对历史教学设计的启示

致力把系统论应用于教学设计的美国学者巴纳西（Banthy）认为，教育是一个开放的人类活动系统，是一个系统复合体，它与教师、学生、环境、政治、文化背景、国情等有着千丝万缕的联系，这种联系不是简单线性的、稳定的，教师必须对教育本身建立一种动态的、非线性的、综合的、整体的思维模型。宏观教学设计与微观教学设计的根本区别在于：后者立足对已有系统进行分析、诊断和矫正；前者立足更大系统的需求与条件，用系统与环境模型、结构与功能模型、过程与行动模型对未来系统做系统表征（综合描述）。宏观教学设计论的系统方法模型强调非线性和动态性，设计过程是反复的和螺旋式的，分化—整合存在于教学设计过程的始终；设计者、教师、教学对象和其他与系统设计有关的人员应共同参与到设计过程中来。超越、展望和重塑是宏观教学设计论的三个主要策略。巴纳西认为，不应该再对现有的系统进行改良，相反，我们应该超越现有系统，不仅要预测它，还应该重新认识它；不仅要改造它，还应该重塑它。换言之，"对现有系统的修整、改良或重构是无济于事的，我们必须跳出这些系统，去设想教育的新图景，并通过设计，使梦想成真"。①

宏观教学设计理论是教学设计理论的重要发展，该理论能对正在出现的新型教育（学）系统（如网络教育）的探索发挥重要作用，帮助我们确定和组织社会中存在的教育机会和资源，将它们聚集起来，为所有人提供学习的机会。

巴纳西宏观教学设计理论对历史教学设计的启示如下：

第一，包括历史学科在内的各学科的教学设计要对教学系统的各因素或要素（教师、学生、教学目标、教学策略、教学评价等）进行循环性、系统性的分析，而不应是一次成型的线性过程。

第二，教学设计的系统视野应该更大，不应局限于目前的狭小范围，包括教学设计的主体不应该仅是教师，还应该包括学生、技术支持人员（如通用技术教师）、学生家长、其他任课教师等；设计过程可参照更多学科或专业领域的研究及成果；设计结果也不能仅局限于如何上好一节课或设计方案的修补、完善，更应指向更宏远的学生发展、教师成长、教育改革、人的发展的大目标。

第三，教学设计在任何环节、任何部分都不是单一、线性的结果，它是一种高度互动与协作的解决教学问题的结果，只有充分利用有效的资源（人力、物力，校内、校外等），才能真正做到科学、有效，才能称为教学设计。

综上所述，加涅以一个心理学家的眼光对教学设计理论的建立做了开创性的工作，提出了"九五矩阵"教学设计理论，指出不同的学习结果需要不同的学习条件，之后，瑞格卢斯等人的精细加工理论和梅瑞尔的成分显示理论一起构成了一个完整的教学设计理论，前者是关于教学内容的宏观展开，它揭示学科内容的结构性关系，可用来指导学科知识内容的组织和知识点顺序的安排；后者则考虑教学组织的微观策略，给出每个概念或原理的具体教学方法。史密斯和雷根则是20世纪90年代以前教学设计的集大成者，着眼于具体教学问题，对设计教学策略给予了前所未有的关注。巴纳西提出更高远的宏观教学设计理论，该理论能对正在出现的新型教育（学）系统（如网络教育）的探索发挥重要作用。

---

① [美]赖格卢斯，裴新宁，等，译.教学设计的理论与模型：教学理论的新范式[M].北京：教育科学出版社，2011.

第二节　历史教学设计的取向与定位

一、高中历史教学设计的价值取向

（一）高中历史新课程的价值取向

关于高中历史新课程的价值取向充分体现在已颁布的三个历史课程标准中。历史课程标准的核心价值取向是促进学生的全面发展，具体表现在以下四个方面：

1.转变学生的学习方式

"历史教育的最终目的不是停留在对历史知识的简单掌握上，而是希望通过学生对重要历史事件和人物、历史发展特征、线索和规律的把握，使历史教学尽可能与现实生活和时事联系起来，以增强学生理解和解决现实问题的能力。"[①]在知识与能力要求上，三个课标都强调学生的能力要求，《全日制义务教育历史课程标准（实验稿）》一方面要求学生掌握一些基本的历史学习技能，如正确计算历史年代、识别和使用历史图表等技能；另一方面要求学生具备五种能力：①获取、处理历史信息的能力；②陈述历史问题的能力；③丰富的历史想象能力；④历史知识的迁移能力；⑤独立思考问题得出结论的能力。《普通高中历史课程标准（实验）》重点强调：①获取历史信息的能力；②培养历史思维和解决问题的能力。高中课程明确提出的"历史思维能力"目标是在初中课程基础上的进一步提升和发展。

高中历史课程以素质教育为出发点，以培养学生的创新精神与实践能力为目的，所以新课程以转变学生的学习方式为核心，注重学生学习历史知识的过程，

---

① 聂幼犁.历史课程与教学论[M].杭州：浙江教育出版社，2003.

注重对学生学习能力的培养，在教学过程中加强对学生学习方法的指导，使学生学会学习。鼓励学生在学习时进行独立思考和交流合作，培养学生提出问题和分析问题的能力，使学生逐步养成探究式学习的习惯，具有创造性学习能力。创造宽松的学习环境和氛围，为学生主动学习、积极探究、合作与交流提供条件。鼓励学生积极思考，勇于提出质疑和说明自己的观点、看法，对历史进行有意义、有创意的阐释。引导学生积极参与校外的历史考察和社会调查，在实践中发现问题，并运用已学的历史知识、技能和方法去解决问题，提高实践能力。如对学校周边的文物古迹、社区、村庄、企业等进行历史沿革、发展现状的调查，搜集相关的资料、信息并加以整理和分析，进行较为完整的叙述，提出自己的见解。

2.转变教师的教学方式

历史新课程提倡教学形式多样化，要求根据教学目标、教学内容的特点、学生的实际情况和教师的自身特点，选择和运用适当的教学方式、教学方法和教学手段。注重启发式、互动式教学，积极探索多种教学途径，组织丰富多彩的教学活动，例如，开展课堂讨论，组织辩论会，举办历史故事会，举办历史讲座，进行历史方面的社会调查，参观历史博物馆、纪念馆和爱国主义教育基地，考察历史遗址和遗迹，采访历史见证人，编写历史剧，观看并讨论历史题材的影视作品，仿制历史文物，撰写历史小论文，写家庭简史和历史人物小传，编辑历史题材的板报、通信、刊物，举办小型历史专题展览，等等。

提倡教学方法、教学手段的多样化和现代化。在教学中，要将教师的讲述、讲解、演示等与学生的观察、材料演习、讨论、问题探究等结合起来；充分运用教学挂图、幻灯、投影、录音、录像、影片、模型等进行形象、直观的教学；注重现代信息技术与历史教学的整合，努力创造条件，利用多媒体、网络组织教学，开发和制作历史课件。

3.倡导多元的评价方式

新课程倡导评价主体多元、评价方式多样，注重目标、教学和评价的一致性，从注重学生学习结果的评价向注重学习过程的评价转变，对学生的历史学习过程和效果进行全面的价值判断。学习评价应坚持诊断性评价、形成性评价与终结性评价相结合，教师评价与学生自我评价、同伴评价相结合，量化评价与质性评价相结合的原则。既要注重评价学生的学业成就，如历史知识、能力、思维方法与品质等，还要考虑到学习的其他变化，如对所学内容的情感倾向、对学习方式的效果领悟，以及与相关学科的迁移情况。评价的主要目的是全面了解学生学习历史的过程和结果，激励学生学习，促进学生的学业进步和全面发展，以及改善教师的教学和提高教学质量。

4.体现正确的思想导向和价值判断

历史教育承担着爱国主义教育、民族精神教育、民族团结教育、优秀文化传统教育、人格教育和国际意识培养等教育责任。历史课程要求"以唯物史观为指导，对人类历史的发展进行科学、正确的阐释，客观分析历史人物、历史事件和历史现象，对历史问题进行实事求是的解释和评述；坚持论从史出、史论结合的原则，力求科学性、思想性和生动性的统一；在评价历史人物和历史事件时，要注意坚持正确的价值引领，帮助学生逐步形成正确的世界观、人生观和价值观；注重拓展历史课程的情感教育功能，充分发掘课程内容的思想情感教育内涵，潜移默化地对学生进行情感态度与价值观方面的熏陶"。[1]

课程标准是一个时代的反映，坚持用唯物史观阐释历史的发展与变化，使学生认同中华民族的优秀文化传统，增强爱国主义情感，坚定社会主义信念，拓展国际视野，逐步树立正确的世界观和人生观，凸显历史学科的教育功能，充分体现社会主义核心价值观。

（二）新课程背景下历史教学设计的价值取向

随着教学信息激增，教学技术迅猛发展，教学资源日渐丰富，新的时代对教学设计又有了新的要求。特别是我国实施基础教育课程改革以来，课改的基本精神和核心理念都将通过教学改革得以落实。鉴于此，历史教学设计的价值取向表现在以下四个方面：

1.实现三维目标的有效整合

新课程提出了知识与能力、过程与方法、情感态度价值观三维目标，课程标准也都分别赋予了三维目标各自的内涵，但在教学设计的过程中，不可割裂三维目标，而应综合考虑，整合目标，尤其要改变过去只注重知识，而轻视能力、学习过程及情感的错误倾向。因为"历史的学习过程要完成以下几个基本阶段：一是通过各种教学活动，让学生对陌生的祖国历史和人类历史有一个感性的体验，从而产生一种要了解自己的祖先是怎样一步步走过来的强烈愿望；二是通过教学

---

[1] 张秋影，魏蔚.谈唯物史观与高中历史教学[J].才智，2020（05）：85.

不断积累最基本的历史知识，使这种体验与感知从朦胧阶段逐步过渡到建立在准确、科学的知识基础上的清晰阶段，进而对过去有一个较为准确的了解和把握；三是通过基本的技能训练和思维方式的训练与培养，使学生能对客观的历史过程形成主观的理解和认识，培养一种观察历史现象的科学态度和做出较为正确解释的能力；四是在体验、学习、理解和认识人类历史发展的过程中，形成对民族、国家和人类历史发展的认同感，确立正确的情感态度与价值观。在历史教学实践中，这四个阶段并不完全具有时序上的差别，而是同时、交叉、重叠和反复进行的。学生在学习过程中不应仅仅将掌握知识作为自己完成学习任务的唯一目标，而应力求在知识、能力、思维方式和情感领域完成课程目标对整个学习过程的要求，这样才能充分发挥历史教育的社会功能，实现升华个人精神境界、提高文化素质的教育目的"。①

2.构建师生互动的历史课堂

教学是教师教与学生学的统一，教学的过程就是教师和学生交往的过程，是师生互动、共同发展的过程。只不过这种交往和互动是在一种特定的环境下，围绕特定的内容而进行的。交往论认为，交往的基本属性是互动性和互惠性。强调通过师生间、学生间动态的信息交流实现师生互动，达成共识，共同发展。对教学而言，交往是弥漫、充盈于师生之间的一种教育情境和精神氛围；对学生而言，交往意味着心态开放，主体性凸现，个性张扬，创造性得到释放；对教师而言，交往意味着与学生一起分享理解，意味着角色定位的转移，是自己生命活动、专业成长和实现自我的过程。

教学设计就要设计构建师生互动的课堂，让教师与学生、学生与学生间能碰撞出思想的火花。

3.促进教学设计的有效实施

教学设计是在课堂教学前，教师设计的一种教学方案，这一方案是否能够有效实施，取决于教师课前对学生的分析和学习内容的分析是否合理、教学目标制定是否科学、教学策略和教学媒体选择是否恰当等因素。

关于有效性，就一堂课来讲，主要体现在三个方面：一是课堂教学的效率；二是课堂教学的效益；三是学生在课堂教学中的体验。学习效率是指学习、掌握特定内容所花费的时间，时间越少，效率越高；学习效益是指学生经过学习

① 朱汉国，王斯德.普通高中历史课程标准（实验）解读[M].南京：江苏教育出版社，2003.

所产生的变化、获得的进步和成绩，主要体现在学生在每一节课是否有实实在在的收获。学习效益不仅仅表现在双基（基础知识、基础技能）上，也表现在智能方面，特别是学习方法和能力的提高及思维方式的发展上；学习体验主要是学生在学习过程中的感受，即伴随学习活动发生的心理体验，这是有效教学的灵魂。历史教学设计要从历史课堂教学的效率、效益和学生的体验等方面下功夫。

4.实现预设与生成的有机统一

教学设计强调其预设性，但课堂是复杂多变的，有些教学情况是教师无法准确全面预测的，那么，如何处理预设与生成的问题呢？预设与生成是对立的矛盾统一体。就对立而言，教学的预设性要求使本该动态生成的课堂变成机械执行教案的过程，缺乏必要的开放和生成，导致教学运行体系相对封闭，课堂教学变得机械、沉闷和程式化，缺乏生机和活力，使师生的活力得不到充分的发挥；就统一而言，预设与生成相互依存，预设增强了教学的计划性，生成使教学变得更有张力，没有预设的生成往往是盲目的，而没有生成的预设又往往是低效的。

实现预设与生成的有机统一是教学设计追求的目标，预设与生成是精彩的课堂教学不可缺少的两个方面，预设体现教师的匠心，通过预设去促进生成，生成闪现着智慧的火花，在生成中实现预设的目标。教师在课堂教学中，要准确把握好生成的空间，给予学生充分的生成时间，让学生在动态生成中构建属于自己的认识结构，真正促进学生的可持续发展。生命的课堂是因预设而存在，因生成而精彩，把生成建立在预设的基础上，对预设进行丰富、拓展、调节和重建，预设中有生成，生成中有预设，生成超越预设。

二、教学设计的定向与定位

教学设计的定向、取向、定位与基本原则，即教育理念、设计取向、教学设计观、基本原则是任何学科教学设计的导向，对设计内容、设计过程、设计效果、设计反思的全部内涵和价值具有最初的观念、意识层面的决定性的指导意义。其中教育理念是对教育的理想化诉求和愿景，它规定了教育的宏观方向；设计取向是在课程实施层面指导教学设计与课程关系的认识，反映了教学设计对设计对象的处理观念；教学设计观是教学设计自身的定位问题（包括教师的定位），反映了教学设计本质的认识；基本原则是反映、承托上述理念、取向和设计观的具体操作的方向性指南。在教学设计的导向、指导作用上，教育理念是抽

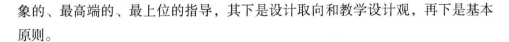

象的、最高端的、最上位的指导，其下是设计取向和教学设计观，再下是基本原则。

（一）教育理念：定向

教育理念是一种抽象的概括，学生观、教师观、教材观、教学观等是理念的一种具体化。

理念是人们经过长期的理性思考及实践，对一定活动所形成的思想观念、精神向往、理想追求和哲学信仰等的抽象概括，即是一种理想化的追求。在一定意义上，它是关于一定活动的"应然状态"的判断，往往对相应的实践起着引导定向的作用。不同理念指导下的教学设计所呈现出来的形式与效果是完全不同的。特别是在当下基础教育改革的全面实施阶段，面对新课改对教学提出的一系列要求，为了避免手足无措、彷徨无计，积累教学设计的理论，提升教学设计的效果，掌握基本的教学设计理念是必要的。

1.学生观

学生观，即对学生的根本看法。学生观是教师从事教学活动的出发点，教学设计采用什么学生观至关重要。正确的学生观应该具有以下标准：

首先，学生是群体的人，也是个体的人。学生的群体依据不同的标准，可以划分为男生群体和女生群体，学优生群体、中等生群体和学困生群体等。不同的群体之间既有某些共性，也有个性。教师要通过不断的学习和研究，深入把握不同学生群体的特征，才能设计出有针对性的教学方案。同时学生又是独特的个体。受遗传、社会环境、家庭条件和生活经历等因素的影响，每个学生都有自身独特的身心特点，他们在兴趣、爱好、动机、需要、气质、性格、智力和特长等方面是各不相同、各有侧重的。教师应善于分辨、挖掘和珍视学生的这些独特性，使教学目标、教学内容、教学策略、教学评价等适合学生，从而尽力使每个学生在原有基础上都得到全面、自由的发展。

其次，学生既是现时的存在，又是历史的存在。视学生为现时的存在，就意味着教师要通过观察和谈话等方法去研究学生的当前状况，把握学生学习的现有起点、能力等，进而设计出有效的教学策略和过程。视学生为历史的存在，就要求教师以动态发展的眼光看待每一个学生，找到造成学生现在学习等问题的"过去"原因，从有利于学生发展的角度来设计和实施教学活动、教学内容等，提高教学设计解决问题的针对性和适切性。

最后，学生是教育的对象，也是学习的主体。学生是教育的对象，要求教师了解学生的特点，据此创造教育教学条件，引导、促进学生的学习与发展。但要注意，不能因为学生是教育的对象，教师就随心所欲地对待学生。教师尤其要尊重学生，把这一理念渗透每一个教学设计环节。同时，承认学生是教育的对象，并不意味着否定学生的学习主体地位。学生主体性发展的最高水平是能动地、自觉地规划自身的发展，成为自己发展的主人，这是我们教育成功的重要标志。重视学生是学习主体的理念，并思考如何更好地在每一个教学环节加以实践是教学中的迫切任务。

"为了每个学生的发展"是学生观的核心，为此，教师的教学设计应关注学生在学科知识背景、认知风格、个性特征及不同知识基础的个体在新知识的学习中所面对的多样障碍的差异，并将这种差异与教学设计系统的各组成要素进行科学的匹配、有机的融合。这就要求教师一方面要承认并通过教学诊断活动来了解不同学生的差异；另一方面还应对教学反馈、评价活动所获得的多方面信息进行综合分析与判断，并结合对教学设计系统各要素基本特性及使用条件的分析，形成教学设计系统问题解决的有效策略。

2.教师观

作为教师，如何看待和定位自身，对教学设计、开展教学活动以及提升教学效果都有重要的影响。随着教育实践的发展和对教育认识的变化，就个人身份诉求而言，正确的教师观应是从"匠人"到"专家"的转变；就与学生的关系而言，教师应实现从"主宰者"到"引路人"的转变；就与同伴的关系而言，教师应实现从"孤军奋战"到"团队协作"的转变。

从"匠人"到"专家"，要求教师从只知道照本宣科、生硬地给学生灌输知识、按部就班按历史教科书开展教学工作、丝毫没有创造性的教书匠转变为教育家式的"专家"型教师。为此，教师要富有创造性，能够自觉地以教育理论指导自己的实际工作，独到地运用教育理论开展教育活动；要有丰厚的文化底蕴，绝不能满足仅仅知道历史教科书和教参上的知识。

从"主宰者"到"引路人"，要求教师从课堂教学的"家长"、主宰者转变为学生学习和发展的引路人，教师教学的重点应更多考虑如何使学生参与到学习中来，如何调动学生的兴趣和思维等；教学评价更多使用多元评价，引导学生发现自己的问题。

从"孤军奋战"到"团队协作"，要求教师从"孤军"固守课堂教学的"个人地盘"向"团队"共建课堂教学的"公共领域"转变。在学校里，可以实行集体备课和校本教研，进行团队互助或经验共享等，但为了不只流于形式，最根本的还在于转变教师的观念，真正认识团队协作对自己专业发展的促进作用。

3.教材观

教材观就是教师对教材本质及其功能的基本认识，它反映了教师对待历史教科书的态度和方式。教材观不仅涉及"教什么"，也涉及"如何教"，它从根本上影响着教师在教学设计过程中对课程资源的利用、教学内容的组织与选择和教学方式。

新一轮基础教育课程改革实施以来，历史教学领域的诸多方面发生了深刻变化，其中最引人注目的就是历史教科书。教科书（人们习惯将其简称为教材）是教学过程中教师和学生共同使用的材料，是教学活动的媒介。以往，我们总把教科书看作学科知识体系的浓缩和再现，是学科知识的载体。这种教材观的实质是"教科书即知识"，教科书中的学习内容必须是定论、共识，不给教师和学生发挥的空间和研讨的余地。教科书对于教师和学生而言具有绝对的权威。教师视教科书为"圣旨"，一切唯教科书是从，为了教书而教书，成为教科书的奴仆和差役。新的教材观认为，教科书不再是教师教和学生学的唯一依据，只是教材的组成部分，是教师用来教学、学生用来学习的一种媒介，是课程资源之一。教师要转变传统的教材观，树立新的教材观，即从"唯一课程资源"向"重要课程资源"转变，从"教教科书"向"用教科书"转变，根据历史课程标准以及历史教学的具体情况，对历史教材内容进行加工和整合，超越传统意义上的照本宣科的简单利用历史教材传输书本知识的层面，创造性地使用历史教科书。

4.教学观

教学是教师的教和学生的学共同构成的双边活动。虽然它包括了教师的教和学生的学，却不是两者的简单相加。由师生构成的教学双边活动形式多样，差异甚大，优劣俱存。树立正确的教学观引领教学尤为重要。

首先，在教与学的双边活动中，始终应以"学"为本，教师的教是为了激励、唤醒、鼓舞学生的学。课堂上，教师应退居二线，教师应像"引桥""路标"一样，将学生引向自学的高速公路。在现实教学中，教师在观念上总误认为学生是需要我们教的，而不是可以自己学、自主学的，认为教师不教，学生就什么也学不到；教师教了，学生总能学到一些东西；教师教得越多，学生就能学得越多。如此，教师就会对学生的学习意识和能力予以忽视甚至蔑视，就会仅仅去思考如何教给学生更多的东西以及怎样才能讲得更细、更深、更透一些，这样的教学观念是以教代学、舍本求末，用教的主体性取代了学的主体性。

其次，教学是预设与生成的统一。预设是指教师在课前对课堂教学的规划、设计、假设或安排。它表现在课堂上，就是指师生的教学活动按照教师课前的设计和安排展开；表现在结果上，就是学生获得了预设性的发展，或者说，教师完成了预先做好的教学设计。预设是必要的。教师在课前对教学目标、内容和过程等有清晰、理性的思考和安排，是保证教学质量和效率的基本要求。然而，课堂并不是一成不变的。教师与学生、学生与学生、学生与文本等的互动均可形成意外"生成"的时机和结果。生成表现在课前，指的是教师要有"空白"意识，给教学活动留下拓展、发挥的时空；表现在课堂上，指的是师生的教学活动超越了原有的思路和教学设计方案；表现在结果上，指的是学生与教师获得了非预期的发展。正所谓，教育的技巧并不在于能预见到课堂的所有细节，而在于根据当时的具体情况，巧妙地在学生不知不觉中做出相应的变动。课堂教学活动不能仅仅成为师生执行教学设计方案的过程，教师在教学活动中，需要善于捕捉在课堂上随机生长出来的稍纵即逝的资源，因势利导，演绎精彩的教学。

最后，教学的价值在于促进学生的成长。有人认为，教学的价值是"应付考试"，这种教学观认为提高考试成绩是教学的最终目的。也有人认为，教学的价值是"发展能力"，这种教学观认为应该把教学目标放在发展学生能力上。在教学活动中，学生要获得知识、增长能力，这是毋庸置疑的。同时，教学活动也需要让学生体验学习的乐趣、掌握思维的方法，并使学生的情感、态度和价值观得到成长与升华。教学的价值应定位于每一个学生的成长。而学生的成长是整体性的，要使教学发挥出促进每一个学生成长的价值，则需要教师在教学价值观上，从仅注重知识价值和能力价值等单一因素的"单向度认识"走向关注多重价值的"整体性把握"。

（二）教学设计观：定位

美国著名教学设计理论专家赖格卢斯（C.M.Reigeluth）曾指出，教学设计与其他理论的不同之处在于它是有设计取向的。[①]他这里所说的"取向"就是教学设计观。

教学设计观是教学设计领域提出的专门概念。教学设计观涉及一个教师如何认识教学设计的性质、自身的地位等本质问题,即定性、定位问题。目前,教学设计理论界提出的教学设计观有三种:理性的教学设计观、创造性的教学设计观、融理性与创造性为一体的设计观。

1.理性的教学设计观

这可以视为第一代教学设计观,出现在教学设计研究的初期。持理性教学设计观者将重点放在理性上,突出教学设计过程的可预测性,强调遵循规则与程序的重要性,并将教学设计描述为一种技术过程。理性教学设计观下,教师的教学设计只要按照一种事先设计好的类似"图纸"或"处方"的框架或方案进行,就能解决教学问题。前述的加涅、肯普等人基本属于理性教学设计观。总之,"教学设计的过程是合乎逻辑的、理性的、系统的,设计者更像一个技术员或工程师,而设计则更接近工程学"。[②]这一设计观适合最初处于摸索中、想尝试教学设计的教师,因为他们更需要一套设计规范、框架、程序的指导,以免失范。

2.创造性的教学设计观

这是第二代教学设计观。与理性观不同,这一设计观"强调教学设计过程的艺术性、创造性,该过程对于独特、复杂、变化情境有更多的依赖性,其重视设计者在工作中的直觉性、悟性、思想的丰富性,以及对问题解决方案新颖性的追求"。这一设计观并不否认定向目标的逻辑思维与高水平的认知过程对于设计的重要性,但其不赞成用大众的"一般规则和程序禁锢教学设计者的艺术灵感与直觉,否认'处方'的用处"。基于此,每一个设计都是一个个案,是不可复制的,是某种形式的工艺或艺术。这种设计观就如同很多人认为优秀的教学设计只属于优秀的教师一样。不可否认,重视人的想象力、创造力、主观能动性的这一创造性的教学设计观对于源于系统工程学的理性设计观无疑是大"革命",但也有不合理之处。此种设计观适合历史专业与学识十分丰厚、教学掌控能力强的教师。如果说,第一代设计观类似有人说的人在"课"下,那么这一设计观类似人

① [美]赖格卢斯,裴新宁,等,译.教学设计的理论与模型:教学理论的新范式[M].北京:教育科学出版社,2011.

② [美]赖格卢斯,裴新宁,等,译.教学设计的理论与模型:教学理论的新范式[M].北京:教育科学出版社,2011.

在"课"上。

　　3.融理性与创造性为一体的设计观

　　这是教学设计进入新阶段的产物。当今，国际教学设计领域的第三代领军人物乔纳森（D.H.Jonassen）是对教学设计定位走得最远的学者，他所提出的基于满足的（satisfice-based）、基于决策生成的（decision-making based）往复教学设计就属于此教学设计观。笔者认为，巴纳西的宏观教学设计理论也是此设计观的体现。这一设计观是"随着有关人的学习的真实性、自然性，以及相应的教学设计的复杂性、多样性、不可确定性的研究不断深化，许多原来持理性观的学者开始摆脱极端的理性观与创造观，并在反思教学设计实践的基础上，注意将理性与创造性、科学性与艺术性融合起来，形成反映设计本质特点并凸显教学设计特点的新的更加科学、更具创造性的教学设计观"。[①]这一设计观认为，教学设计是一种在特定的情境脉络中解决教学问题的非确定性的过程；它所运用的是一种高度互动与协作的设计方式；设计应充分利用有效的资源；设计是一种内蕴着反思性对话的循环过程。总之，这一设计观将教学设计视为理性与艺术、逻辑与创造的彼此结合，完整而准确地诠释了设计的本质，使设计对象与教师都能得到充分的发挥与表现，即我们所说的人"课"合一。

　　上述三个教学设计观的演变反映了教学设计逐渐从系统设计范式向学习环境创设范式的转变，设计活动本身由封闭性、简单性、固定性向开放性、复杂性、情境性转变，说明教学设计研究的日臻深入。这一变化启示我们：教学设计过程已经不像传统的各种教学设计模型所共有的ADDIE流程（模型）那样简单，有效的学习环境创设需要考虑更多的设计变量、顾及更多的限制条件、反思更多的主体观念，教学设计已不是一个"图纸"式流程的应用、规则的使用等简单机械的行动，而是承载了更多复杂与变易的内涵。这一变化同时也告诉我们，教学设计不是"按方抓药"，教师在如何排列组合上述变量和限制条件实现教学的更优化上有自己可为的空间，更有展示自身创造性的必要，认识到这一点对教师来说至关重要。

---

　　①　[美]赖格卢斯，裴新宁，等，译.教学设计的理论与模型：教学理论的新范式[M].北京：教育科学出版社，2011.

第三节　历史教学设计的要求与原则

一、相关文件对历史教学设计的要求

《中小学和幼儿园教师资格考试标准及大纲（试行）》高中部分规定：了解分析学生学习需求的基本方法，能根据学生已有的知识水平和学习经验，准确说明所选内容与学生已学知识的联系；了解学习内容的选择与分析学生特点的基本方法，能根据学生的认知特征和课程标准的要求确定教学目标、教学重点和难点；掌握教案设计的要求、方法和技巧，能恰当地描述教学目标，选择适当的教学方法，合理安排教学过程和教学内容，在规定的时间内完成所选教学内容的教案设计。

《中学教师资格考试面试大纲》规定：了解课程的目标和要求，准确把握教学内容；根据教学内容和课程标准的要求确定教学目标、教学重点和难点；教学设计要体现学生的主体性，因材施教，选择合适的教学形式与方法。并规定在教学实施过程中，注重对学生进行评价，并且能客观评价自己的教学效果。

综合以上文件要求，若要做好教学设计，教师至少需要理解以下方面的内容：

（一）对课程标准的理解与把握

课程标准是国家设置学校课程的基本纲领性文件，是国家对基础教育课程的基本规范和质量要求。它是教材编写、教学、评估和考试命题的依据，是国家管理和评价课程的基础。课程标准是教材、教学和评价的出发点和归宿。由于课程标准规定的是国家对国民在某方面或某领域的基本素质要求，它对教材编写、教学和评价都具有重要的指导意义。无论教材、教学，还是评价，出发点都是为了课程标准中所规定的那些国民素质的培养，最终的落脚点也都是这些基本素质要求。

历史课程标准主要包括前言、课程目标、内容标准、实施建议等部分。历史课程标准的前言主要说明本标准制定的背景、课程性质或课程功能以及标准、设计的基本思路。历史课程标准的课程目标主要从三维目标或核心素养，按照国家教育规划纲要及素质教育要求来阐述本门课程的总体目标。内容标准则是结合上述的课程目标，结合具体的课程内容，用尽可能清晰的行为动词来阐述。就内容标准的呈现方式来看，主要是对内容标准本体的描述，其特点是：使用行为动词；每条标准分有层次；整合必要的知识、技能与态度要素或核心素养；内容是具体的，而非抽象的。历史课程标准的实施建议主要包括教与学的建议、评价建议、课程资源的开发与利用建议以及教材编写建议等。这些建议都是指导性的，而非指令性的。另外，在易误解的地方或陈述新出现的重要内容时，提供适当的典型性的案例，教师据此可以将其作为一种范例，作为理解内容标准的凭借与"把手"。

历史课程标准不仅从总体上对本学段的目标做了概述，而且在内容标准部分呈现了具体的板块（模块）目标以及各板块（模块）学习要点的内容目标。板块（模块）目标是较为具体的，是针对不同板块（模块）内容的学习要求；内容目标则是各板块（模块）内的、从属学习要点的目标，是针对某一学习要点的指标要求。它们代表了课程目标针对不同学段、不同具体内容的要求，呈现出由总到分、由抽象到具体的层级性特点，为不同时段教学活动的进行提供了依据和参照。

在教学设计中，教师需要推敲内容标准中的板块（模块）以及主题（专题）内容要求，并具体地深入理解所讲内容所对应的内容标准中的学习要点，在深刻理解课程标准的基础上，对内容标准中的相关学习要点进行解构，再在具体的教学情境中，结合教材的内容，形成课堂教学目标。"基于课程标准的教学要求教师'像专家一样'整体地思考标准、教材、教学与评价的一致性，并在自己的专业权力范围内做出正确的课程决定。"①

---

① 崔允漷.课程实施的新取向：基于课程标准的教学[J].教育研究，2009（01）：74-79，110.

（二）对历史教材的理解与把握

历史教材，又称历史教科书（狭义），是指以文字和图形等语言符号形式反映一定历史课程内容的教学用书，它是历史课程内容直接的物质载体。历史教材是师生历史教学活动的中介，是教师实现教学目标的工具和跳板。

在教学设计中，在理解课程标准的前提下，教师要钻研教材，尽可能将所涉及的教学材料包括教科书、教学参考书、练习册等浏览一遍，然后以教科书为中心加以综合的分析，搞清教科书内容的内在联系。一是，研究课文内容在整个课题中的地位，在整册教科书以至整个历史教学体系中的位置。二是，研究课文内容要点之间的内在逻辑联系，厘清脉络，弄清教材思路。三是，要重视使用教科书提供的素材和例子，教科书是教材系统中的最主要教材，从教科书中寻找教学素材和例子对于教师来说是最为方便也是最为有效的方法。当然，更为重要的是，要根据学生的实际情况，合理调整教科书的结构体系，教师要在深入理解和全面把握教科书编写体系的基础上，根据所教学生的实际情况，合理调整教材体系，形成自己的教学思路，真正做到"用教材教"，而不是"教教材"。

（三）如何确定教学目标、形式与方法

在教学设计中，基于课程标准与教材，确定教学目标时还要注意：要深入分析教材，不仅要掌握教材的深度和广度，还要研究教材的编写意图，使教学目标更切合教学内容；教学目标的制定要坚持学生的量力性原则，不能脱离学生实际而定得过高或过低；教学目标要突出重点；教学目标的表述要简练明确。

课堂教学目标、教学内容确定后，教师要进一步考虑此节课将用哪些教学手段或方法。教无定法，教学有规。面对多种多样的教学方法与形式，哪些是教学设计中应优先考虑的？这些都需要根据具体因素加以确定。一般来说，选择历史教学的形式与方法时，需要考虑的主要依据有以下几点：

1.历史教学的具体目标

不同的历史教学目标需要不同的教学方法与形式来实现。掌握历史知识，宜选择讲授法、阅读法等；发展能力，宜选择讨论法；陶冶个性，宜选择参观法、欣赏法等。

2.历史教学内容

内容决定方法，不同的内容需要不同的方法。

3.学生的身心发展状况和年龄特征

如在低年级，主要采用谈话法、讲述法；在高年级，宜采用讨论法。

4.教师的自身素养

任何教学方法都是"死"的，只有教师能正确、准确和创造性地运用，才能成为活的教学方法。教师的素养总是一定的，并不是每一个教师都有能力使用好任何教学方法。有的教学方法很好，但教师缺乏必要的素养条件，自己驾驭不了，便不能在历史教学中产生良好的效果。教师的某些特长、某些不足和运用某种方法的实际可能性都是选择教学方法的重要依据。总之，教师选择教学方法要扬长避短。有的教师的口头表达能力强，可选用讲授法；有的教师口头表达能力弱，可选择演示法、讨论法等。

5.教学时间和效率的要求

好的教学方法能在规定的时间内完成教学任务，实现教学目标，并能使教师教得轻松，学生学得愉快。

（四）如何实施教学评价

根据历史课程改革理念，历史课堂教学评价必须坚持以学生发展为本的教育理念，同时，也必须坚持以教师自身的专业发展为本。这就要求历史课堂教学评价需要关注教师、学生两方面的行为和变化。基于此，历史课堂教学评价的基本要素可从以下几个方面进行：

1.教学目标

教学目标不仅是课堂教学活动的出发点和归宿，还是课堂教学评价的重要参照。在历史课堂教学中，要根据历史教学内容以及学生的历史知识水平，确定比较适宜的教学目标。教学目标的基本要求是要具备科学性、合理性、明确性以及可检测性。教学目标主要用来评价教师对一节课的历史教学是否能够体现历史课程目标的三个基本维度，即知识与能力、过程与方法、情感态度与价值观，是否能够体现历史课程对学生科学精神和人文精神的关怀。对学生而言，主要通过学生的课堂学习，评价学生的学习目标是否明确，是否具有合理性。

2.教材处理

历史教材是根据历史课程标准编写的教学用书，它根据历史课程标准中的内容标准要点及要求，用文字的形式进行系统阐述，是历史课程标准的具体化。历史教材在历史课堂教学中具有重要作用，它不仅是学生学习历史的重要材料，也是教师从事历史教学工作的重要工具。教师要上好历史课，就必须钻研和真正吃透历史教材，精心组织和科学处理历史教材。在历史课堂教学中，教师不能把历史教材内容原封不动地搬到历史课堂上，而必须根据历史教学目标、学生的掌握知识情况以及认知特点，对历史教材进行合理的调整与处理，重新组织、科学安排教学程序，选择合理的教学方法，使历史教材能够发挥最佳作用。

3.教学方法选择

教学方法是为了完成一定的教学目标，师生双方在教学活动中采用的手段或策略。当前的历史新课程改革非常强调培养学生的创新精神和实践能力，鼓励学生积极主动地参与历史教学，培养学生的自学能力。教学方法的选择要做到有利于学生学习的积极性、主动性的调动和主体地位的落实，有利于学生良好学习习惯的形成和学习能力的培养，有利于学生特长的充分发挥，有利于学生创新能力和实践能力的培养，有利于学生的全面发展。

4.学法指导

指导学生掌握良好的学习方法是历史课堂教学的重要环节。对学生的学习方法进行指导，具体包括指导学生养成良好的学习历史的习惯，指导学生学会拟定学习历史的计划，指导学生掌握学习历史的方法，指导学生掌握查阅历史工具书与查找历史参考资料的方法等。

5.教学过程

这里主要评价教师在历史课堂教学中，各个环节的安排是否合理、科学，结构是否紧凑，层次脉络是否清晰；同时，各种课堂教学要素的组合是否有一个最佳的结合点，是否能以学生的学习为中心，通过创设富有情趣的教学情境来组织学生参与学习活动。

6.现代教育技术

历史课堂教学中运用现代教育技术特别是历史多媒体教学是历史教学的发展趋势。在历史课堂教学中，如果教师对现代教育技术能够操作熟练、运用适当，且教学效果良好，就应该给予其充分的肯定。现代教育技术尤其是历史多媒体教学是历史课堂教学评价的重要方面。当然，这里的教育技术运用必须恰如其分，运用得当，而不是喧宾夺主，华而不实。

7.师生互动

从某种角度上讲，历史课堂教学是一个互动的过程。教师能否充分调动学生的积极性，在发挥教师主导作用的同时，突出学生的主体地位，反映了历史课堂教学中师生的配合默契程度。师生之间的相互合作程度高，对提高历史课堂教学质量和达成历史教学目标具有十分重要的作用。该要素被纳入历史课堂教学的评价体系中，主要评价教师能否充分调动学生的学习积极性，以提供给学生更多的参与机会，培养学生的主动参与、主动学习意识和主动探究精神。

8.教师的教学态度

教师的教学态度反映了教师的敬业精神，反映了教师的职业道德水平，是教师素质的一个重要方面，也是体现历史课堂教学质量高低的重要参照。教师的教学态度主要包括教师参与教学的激情、教师的教学准备、教师对学生的态度等方面的内容。

二、历史教学设计应遵循的原则

历史教学设计应该遵循整体设计的原则、以学生为主的原则、意义建构的原则和过程开放的原则。

（一）什么是整体设计的原则

教学设计是一项系统工程，它是由教学目标和教学对象的分析、教学内容和方法的选择以及教学评价等子系统所组成的，各子系统既相对独立，又相互依存、相互制约，组成一个有机的整体。教学过程中，教学目标要通过教学内容、教学媒体、教学策略来实现，教学内容、教学媒体、教学策略要受教学目标的支配，即教学目标、教学内容、教学媒体、教学策略要达到相互匹配、和谐一致。教学设计遵循这项原则，对实现教学设计的科学性、艺术性、整体性和可行性具有重要意义。

要遵循这一原则，必须注意以下几个问题：

第一，教学目标对教学内容、媒体、策略起着控制作用。教学目标是教学活动的方向。

第二，教学内容的确立、教学媒体的选用、教学策略的制定是要为达到教学目标而服务的。脱离这些教学要素，教学目标就无法达成，而离开教学目标去追求教学内容的精、教学媒体的新、教学方法的活，不仅无益于提高教学质量，而且浪费时间。比如在新课程下，历史教学非常流行创设历史情景、角色扮演等教学方式，但有的只是流于热闹的形式、华丽的外表，没有深刻的思想内涵，失去教学目标指引的各种教学活动可能会使历史教学出现"稚化"。

第三，教学过程是选用媒体、采用策略、完成教学任务、实现教学目标的进程。只有教学目标的导向正确，教学内容精要，所选媒体有利于信息传递，教学策略合乎学生的认知规律，才能使教学过程得以有效推进。历史教学设计中特别要强调学生认知规律与历史逻辑的有机统一，如果为了突出某一特定的历史场景而脱离了学生的认知规律或违背历史本身的发展逻辑，则无益于教学。

（二）什么是以学生为主的原则

新课程是从尊重生命、珍爱生命、体验生命历程的角度来设置的，它是杜威（John Dewey）"教育即生活"的进一步延伸，它是以建构主义教学观为基础的。建构主义认为，教学活动的本质是学生根据自己的已有经验去理解对象信息和知识内涵的个性化过程。新课程改革中所有的变化都与人有关，比如，历史课程的设置体现了多样性，多视角、多层次、多类型、多形式地为学生学习历史提供更多的选择空间，以助于学生个性健康发展。说明新的课程观重视的是人，人的个性、自信、勇敢、尊严比任何知识来得真实、重要，这是教育的返璞归真。教学设计要善于不断创造具有激发性的教学情境，诱导学生主体性发挥，创设宽松的、和谐的教学环境与课堂气氛，让学生的个性得以充分展现。

要遵循这一原则，必须注意以下几个问题：

第一，在教学设计中要充分体现学生的主体性，要体现学生的首创精神。

第二，教学设计要关注学生的兴趣与经验。

激发学生学习的兴趣是教师解决"要我学"到"我要学"的重要步骤，教师备课的过程就是精选材料以激发学生学习兴趣的过程。没有快乐的教育谈不上生命教育，所以教师要非常注重从学生的经验与兴趣出发，开始课堂快乐的旅程。

其三，要让学生有多种机会在不同情况下去应用他们所学的知识，要让学生能够根据自身行动的反馈信息来完成对客观事实的认识和解决实际问题的方案。

（三）什么是意义建构的原则

建构主义认为，学习总是与一定的社会文化背景，即与情境相联系的，在实际情境下进行学习，可以使学习者能够利用自己原有认知结构中的有关经验去"同化"或"顺应"当前学习到的新知识，从而达到对新知识的意义建构。按照建构主义的指引，创设真实的问题情境成为教学设计的首要任务，它是一种支持学生进行意义学习的各种真实问题的组合。这说明历史教学不仅仅是为了掌握现成的历史结论，更重要的目的是将学习的知识迁移到新情况中，让学生理解历史的复杂性，创造性地解决问题。

要遵循这一原则，必须注意以下几个问题：

第一，教师要能发现一些对学生来说是真实的，同时又与教学活动相关的问题。

第二，教师要切实激发学生的学习动机，引导学生挑战各种复杂的问题情境。

第三，让学生进行角色扮演，模拟在真实问题情境下各种角色的行为，以便将来在真正的问题情境中得心应手。

（四）什么是过程开放的原则

学生的学习是一种在教师帮助下的自我激发、自我促进、自我评价的过程。在这种学习过程中，学生不仅获得了知识，形成了学习方法，而且培养了健全的人格。基于人本主义学习理论的学习过程是自由开放的，是依靠学生根据自己的个性来选择学习路径的。

在当今这个信息化时代，先进的教育观念和先进的科技成果相结合的学习资源日益增多；改善学习人文环境，给学生以充分的学习自由的口号日益增多；竞争日益激烈的社会对复合型人才的要求越来越高，等等。这些现象的产生促使教师在进行教学设计时，必须考虑到要给学生充分自由的发展空间，必须开放所有的学习过程，使学生能顺应当代学习生活的变化，最终得以自我实现。对于21世纪的教师来说，他的角色由知识的传播者转变为学生学习的促进者和帮助者，这是学习过程开放的一个重要前提条件。

要遵循这一原则，必须注意以下几个问题：

第一，教师要使学生发现历史学习的内容，能够透过岁月看清现实，可以保持和发展自我，进而激发他们的学习热情和动机。

第二，采用多种形式组织学习过程，让学生有多元表达的途径，促使学生投入对历史知识奥秘的探究中去。

第三，对学生学习结果的评价也要采取开放的态度，开放性试题评价在各地测评中越来越受到重视。

历史即现实，学习历史也是为了更好地透视现实

第四节　历史教学设计的要素

关于教学设计的基本要素，学界观点众多，有"教学目标分析、学习者特征分析、教学模式和策略的选择与设计、学习环境设计、教学设计结果的评价"[1]，有"确定学习者的需要、确定目的和目标、建构评估过程、设计和选择教学传送的方式方法、试用所设计的教学系统、安装和维持系统"[2]，有"学习需要分析、学习内容分析、学习目标的阐明、学习者分析、教学策略的制定、教学媒体的选择和利用、教学设计成果的评价"[3]等说法，这些观点有的基于教师的教，有的基于学生的学，但是教学过程本身就包含教与学，且因素众多、不可分离，所以综合诸家观点，笔者认为，教学设计的基本要素主要有三大板块，即教学设计的背景分析、教学设计的过程、教学设计的评价，每一板块下又有若干因素。

一、教学设计的背景分析

在这个阶段中，设计者要对学习需求、学习内容、学习者进行分析和把握。

---

① 何克抗，林君芬，张文兰.教学系统设计[M].北京：高等教育出版社，2006.

② 孙可平.现代教学设计纲要[M].西安：陕西人民教育出版社，1998.

③ 乌美娜.教学设计[M].北京：高等教育出版社，1994.

（一）学习需要的分析

在制定教学目标之前，必须分析学习需要。学习需要是指在某一特定的情境下，学习者学习方面目前的状态与所期望达到的状态或应该达到的状态之间的差距。[①]分析的目的在于发现教学中存在的和需要解决的问题，对解决问题的可行性进行分析，最终确定要解决的问题。总之，在学习需要的分析中，必须解决教师"为什么教"、学习者"为什么学"的问题。分析学习需要的基本方法有内部参照需要分析法和外部参照需要分析法。

（二）学习内容分析

学习内容的分析，即分析和确定学习者应学习和掌握哪些知识、技能和态度等，解决教师"教什么"、学习者"学什么"的问题，是对学习者的起点能力转化为终点能力所需要的从属知识、技能和态度等进行详细阐释的过程。学习内容分析主要包括学习内容范围的分析和学习内容的结构分析，其步骤是：①确定教学的基本目标；②首次评估学习内容；③确定单元教学目标；④学习内容的具体分析；⑤再次评价学习内容。只有进行学习内容的分析，才能确定学习内容的范围（学习者必须达到的广度）、深度（学习者必须达到的深度和能力的质量水平），同时也明确了教师应该"教什么"和学习者应该"学什么"的问题；也才能揭示学习内容各组成部分之间的关系，也为教学安排奠定了基础。对学习内容有较为清楚和全面的把握对教学设计至关重要，是教学设计、具体教学目标形成的前提之一。

（三）学习者的分析

对学习者的分析主要是指学习者特征分析，一般包括对学习者的智力因素和非智力因素的分析。奥苏伯尔（D.P.AuSubel）和加涅等心理学家的研究表明，学习者对某项学习目标的学习已具备的知识和技能、了解和掌握的程度是教学工作成败的关键。分析学习者是为了了解学生的学习准备和学习风格，为教学内容的选择和组织、教学目标的确定、教学活动的安排、教学策略的采用等提供科学的依据。学习者的分析是教学设计前期分析中的重要环节。

对学习者的分析一般可从学习者的起点水平、学习者的认知结构、学习风

---

① 何克抗，郑永柏，谢幼如.教学系统设计[M].北京：北京师范大学出版社，2002.

格、学习动机等方面进行分析。

二、教学设计的流程

教学设计的过程是教学设计的决策和生成阶段，设计者对教学目标、教学策略、教学信息资源、教学传媒及设计的方式方法做出选择和决定，并且创造性地设计出产品，同时考察其可行性。

（一）教学目标的设计

教学目标的设计是在对学习需要、学习内容和学习者分析结果的基础上编写的。教学目标是对学习者通过教学后应该表现出来的可见行为的具体的、明确的表述，它既是教学的出发点，也是教学的最终归宿点。明确具体的教学目标有利于教学策略的制定和教学媒体的选择，同时也为教学评价提供了依据。

（二）教学策略的设计

教学策略是指在不同的教学条件下，为达到不同的教学目标所采取的方式、方法、媒体的总和，它是实现教学目标的重要手段，是教学设计的重点。教学策略的设计主要包括课型与结构、教学内容呈现顺序、教与学的活动、教与学的方法、教学的时空安排、教学资源的安排等方面的问题。简而言之，教学策略主要解决教师"如何教"和学习者"如何学"的问题。在整个教学设计过程中，教学策略的设计具体而详细，发挥着十分重要的作用。

（三）教学媒体的设计

"媒体"一词的英文为"media"，意为中介、媒介、工具。教学媒体就是指直接介入教学活动过程中、能用来传递和再现教育信息的现代化设备（硬件），以及记录、储存信息的载体（软件），如电唱机和唱片、幻灯机和幻灯片、投影机和投影片、录音机和录音带、电影机和电影片等。①随着现代教育技术的发展，可供选择的教学媒体多种多样，选择的余地很大，应根据学习内容的需要、学习者的特征、教学目标的要求、教学策略的安排等选择最恰当的教学媒体，并能具体设计教学媒体。

媒体在教学中具有展示事实、创设情景、提供示范、呈现过程、设疑思

---

① 徐英俊.教学设计[M].北京：教育科学出版社，2001.

辨、解决问题、提供评价分析等作用，使课堂冲破时空限制，超越了教育、教学的传统视野，丰富了教学内容，增加了教学的密度和容量，为学生个性、素质的发展提供了无限广阔的空间。精心选择的教学媒体有助于学习者集中注意力和激发其学习兴趣，促进学习者对事物的理解和记忆，还可为学习者个体操作和学习行为提供自我分析的机会。

（四）教学过程的设计

教学过程的设计常常是采用流程图的形式简明扼要地表达各要素之间的关系，直观地表示教学过程，清晰地展现教学流程。

三、教学设计的评价

教学设计的评价阶段，即对整个设计方案进行评价与修订。与前两个阶段一起贯穿管理过程并形成一个闭合的反馈调节系统。

教学设计的评价是指对教学设计方案进行形成性评价。先在一个小范围内进行试用，以了解方案的可行性、实用性、有效性。通过形成性评价发现教学设计的缺陷，检查教学需要分析的准确性，修正教学设计过程，然后再试用，再修正，以提高教学设计的质量，保证获得最优的教学效果。将教学设计分解为诸多要素，是为了更加深入地了解、分析及掌握整个教学系统设计过程的技术，而在教学系统设计的实践中，要从教学系统的整体功能出发，对各要素进行综合考虑，使其产生整体效应。

第二章 高中历史教学设计的学情分析

第一节 学情分析的概念阐释

一、学情分析的概念

学情分析就是对影响学生学习的相关情况进行分析。影响学生学习的因素很多，如学生的智力因素、非智力因素、教师水平、师生关系、班级学习氛围等。影响学生学习的因素也非常复杂，有显性的，也有隐性的；有可能是一种因素明显起作用，也可能是多种因素共同造成的。学情分析是教师必需的能力，也是技术性很强的工作。

教育史上，孔子的"因材施教"、苏格拉底（Socrates）的"精神助产术"、亚里士多德（Aristotle）的"自然教育论"、培根（Francis Bacon）的"尊重天性"等教育思想均是从学生出发，依据对学生学习特点的分析而施教的光辉典范。学生原有知识结构如何，学生学习兴趣和学习能力如何，这是在教学前必须考虑的问题。在人类漫长的历史长河中，在不同的地域条件、不同的文化、不同的分析方法及不同的培养目标影响下，形成了对教育、教学、教师和学生的很多不同的理解，有的甚至差距甚远，互相对立。这些不同的理解形成了千差万别的教育观念，从而形成了不同的教育目的、教育思想、教育内容和教育手段。

现代教学论越来越倾向认为教学过程的本质是学生在教师的指导下，根据教学目的与学生的身心发展特点，通过系统的、有计划的教学双边活动，使学生在知识、认知和情感方面发生心理变化，并且形成和发展个性的过程。人类高度发达的神经系统是教育产生和发展的物质基础和前提。它提供了感受、记忆、联想、想象、推理等完整的思维功能，使人的意识能够相互影响并得以传播。人的新奇感、好奇心既驱使人探索客观世界，又造就了人的求知欲和模仿力，使人接受教育成为可能。

教学是以学生的生理基础、学习动机、认知能力等作为先决条件的；教学实施的目的是学生的发展；对教学的评价也以学生对知识与技能的掌握，以及情感态度的变化效果为主要依据。教学的所有环节都以学生为中心，不分析学生的教学是不可能的。教师在实践中只是存在有意和无意，以及分析得多和少、粗浅和深刻的区别。绝大部分教师能意识到学情分析的重要性，但是学情分析是对人的分析，是极其复杂和困难的事情，需要专门的学习和训练。

二、学情分析的意义

在教学实践中，我们发现，有的教师经常和学生谈心，把检查预习作业常态化，认真撰写教学反思，热情参与学生的活动等。这样的教师往往更能理解学生，更能站在学生的立场上反思自己的教学行为，从而使自己的教学设计更有针对性，更有效率。这些做法就是在进行有效的学情分析。

学情分析是教学设计的重要环节，是教学目标制订的依据，是教学内容设计、教学方法设计、教学媒体设计的前提，也是教学评价和教学反思的归宿。

（一）学情分析是教学目标制订的依据

教学目标的制订既要根据国家需要、时代精神、教育目标与课程内容，也要符合学生的实际情况。比如某教师设计的教学目标："能在地图上标出元谋人、北京人发现的地点，并说出他们距今的年代；观察图，描述北京人与现代人的不同；想象北京人的一天。"该设计强调基础知识的掌握，重视读图、表达和想象等基本能力的培养，但从要求的层次来看，是明显针对初中学生的认知特点的，如果用于高中生，则显得要求过低。又有教师这样设计："利用图书馆、博物馆、互联网收集我国各地远古人类的考古资料，感受中国是人类的发源地之一。"这是探究式的学习方式。该学习方式对于一般的城镇学生是适用的，但对于偏远落后的乡村学校的学生来说有很大难度，到图书馆、博物馆去一趟并不是件容易的事情。要依据学情分析设计教学目标。

（二）学情分析是教学内容设计的前提

新课程改变了教材作为"圣经"的神圣地位，多种版本的教材教学使教材变成了教学的资源之一，这对于教师的观念和教学模式的冲击是非常大的。现在的多种版本各有特点，如新课程高中统编版语言精练、逻辑清晰，方便学生阅读，但新观点、新材料不多；人民版对很多历史事件论述详尽、材料多，但详略不当，很多教师都觉得知识杂乱，不好处理；岳麓版结构合理，但对大部分学校的学生而言，学习难度有点偏大。不管使用哪一种版本的教材，教师都必须面对教材的重新处理的问题，删减、补充和整合教材是现在一线教师的常规工作，教材也真正地成为"教学材料"，这无疑是一种进步。对教材的删减、补充和整合首先要遵循课标的要求，其次要符合学生的实际情况。用这本教材的知识或者那本教材的知识，教师补充的知识，甚至是学生通过其他渠道获取的知识，它们在教学中是没有本质区别的。相反，如果教师采用那些适合学生实际的内容，能吸引学生注意、增强学生的学习动机、激发学生探究感兴趣的内容，那么学生就能更好地掌握知识，更能在学习知识的过程中形成能力，而且能用积极的态度获取知识，教师的教学目的也就达到了。

为了提高学生的探究能力，深入地分析历史问题，提高搜集和加工历史信息的能力，有时候，教师还必须精心设计教学内容，对知识进行重组和加工。

（三）学情分析是教学方法设计的前提

教学方法不仅是指教师的教法，也包括了学生的学法；教学方法不仅是给学生传授知识，而且要提高学生的能力，使学生学会学习、学会做人的方法。我们可以简单认为，教学方法就是教师与学生实现教学目的、完成教学任务所采用的途径和程序。包括所采取的教学方式、手段、工具、进行的步骤和过程，以及有关的思维和技术措施等都可以认为是教学方法。

教学方法具有双边性，它包括教师的教和学生的学两个方面的内容。教学的实质在于教学是师生的相互作用，没有这种相互作用，也就没有教学，如果教师教学不考察学生的实际情况，那就谈不上教学。任何教学方法的设计都必须要以学生的身心特点和认知规律作为前提条件。随着教育学、心理学的进一步发展，现代教学方法也越来越重视学生主体地位的实现，由传统的"教法为重"向"学法为重"转变，更加注重现代化教学技术的运用。新课程倡导的学生主动参与、乐于探究、勤于动手，培养学生搜集和处理信息的能力、获取新知识的能力、分析问题和解决问题的能力以及交流与合作的能力。提倡主动参与、乐于探究、交流与合作为特征的学习方式是本次课程改革的重点内容之一。在学习方法上，倡导自主学习、合作学习和探究性学习，这是符合学生学习特点和认知规律的。

但是，自主学习、合作学习和探究性学习只是总的原则，具体到不同的学生和不同的教学内容时，教师还要认真审视和细化教学方法。比如，让学生自主学习，教师一定要考查学生是否具备自主学习的能力，是否有内在动力的支持，是否具备自主学习的条件（如很方便地使用学习资源）。如果没有，放手让学生去自主学习是达不到教学目的的。

任何的教学方法设计都要以学生为前提，以学情分析为主要依据，以学生能否获得知识、提升能力，以及形成积极的情感、态度和价值观作为检验的标准。方法并没有绝对的好坏之分，只要是适合学生的方法，就都是好方法。讲授法中能叙述得条理清晰，概述得精练恰当，描述得栩栩如生，一样会对学生有很强的吸引力，也容易产生良好的教学效果；相反，针对性不强、管理不善的活动课不会有很好的收效。

（四）学情分析是教学媒体设计的前提

教学媒体是指教师在教学过程中采用的话语、表情、姿态、行为、文字、图像、音频、视频、书籍、报刊、电影、电视、电脑、网络等各种媒介，用来优化教学的信息表现形式和传递方式。媒体的选择一定要符合学生的身心特点和认知规律。如果不带笑容地走上小学低年级讲台，会把学生搞得紧张兮兮，相反，如果在高三总复习的课堂上整节课都笑容可掬，又会显得不合时宜。一次听首都师范大学叶小兵教授的讲座，他的课件上，每一页都有一个可爱的卡通动物，而且是活动的，时而跳跃，时而翻滚，让听讲座的教师都忍俊不禁。如果与主题无关的装饰过于突出，肯定会喧宾夺主，这是我们制作课件的大忌，叶教授为什么这么做呢？讲座结束，他特意做了简短的说明，他说："如果这么多的卡通动物用在中小学的教学课件上，肯定会分散学生的注意力，但是今天听讲座的都是成年人，心是不会被分走的。而且理论性讲座听几个小时肯定会疲倦，点缀一下未尝不可。"不得不佩服，叶教授是做了"学情分析"的。现在，多媒体的使用已经相当普及，单靠新鲜感或者听觉、视觉的刺激来吸引学生已经不太容易。多媒体教学越来越回归其本质，它就是教学的辅助手段，就是信息传递的中介，一切要以适合学生的学习为前提。

（五）学情分析是教学评价和教学反思的归宿

传统的教学评价手段和内容都非常单一。传统的教学评价局限于学生的学业智力，对非智力因素不太关注；评价的方法是注重可观察的外部行为结果和某一时段的行为结果，而完全忽视了难以观察的内部智力活动状况及智力的动态发展状况。单靠一张试卷无法全面深入地了解到学生的人际智能、内省智能和身体运动智能。教学评价的很多观念和方法其实就是学情分析的内容，如观察学生的表演、展示、小组合作等，又如学生的自我评价和小组评价更是学情分析的重要依据。

教学反思既要反思教师的教，更要反思学生的学；既要进行自我反思，也要进行合作反思（包括与学生座谈）；既要反思教学设计和教学过程，也要反思教学效果。这一切都是离不开学生的，反思的目的不仅仅在于提升教师的教学能力和教学水平，以促进其专业成长，更重要的是，这种教学能力和教学水平怎样促进学生的成长。

（六）学情分析是历史课堂有效教学实施的重要基础

要使学生的发展在教学中真正地实现，并且在全体基础上尊重个体差异，就一定要在课前，全面地认识和分析学生学习有关内容的基本情况，即学情，从而保障课堂有效教学的实现。赵振旗在《应加强对学情的研究》中指出："充分掌握每一个学生的具体学情以后，教师的主导作用就有针对性，在教学方法上便可以具体问题具体对待，结合学生的特点进行微观指导。"[①]要想充分实现教学目标，或者说实现有效教学，就在于教师对学生的了解程度。只有充分认识学情，才能更好地以课程标准的要求来设计合适的教学目标，进而在教学活动中为状态和水平有差异的学生授以最恰当的教学策略。越详细透彻地分析学生的学情，就越能促进教学的有效发展。

（七）学情分析能够提高教师发展的专业性

不管在课前、课中还是课后，学情分析的主体是教师。要分析的学情内容非常庞杂，为此，历史教师不仅要全面掌握知识，还要储备丰厚的知识和具有分析、解决问题的技能。所以，要想做好充分的学情分析，历史教师就需要持续地

---

① 赵振旗.应加强对学情的研究[J].山东教育科研，1988（02）：30.

掌握知识，完善自己的知识系统，构成知识体系。同时要提高自身的实践能力，在与其他教师和学生交流交往中锻炼自己的语言表达能力与沟通能力，强化自身的分析总结能力。历史教师在进行学情分析时，会使专业技能得到提高，增强教师发展的专业性。

第二节　高中历史教学设计学情分析的内容与策略

一、高中历史教学设计学情分析的内容

在教学设计的学情分析中要做哪些具体内容的分析呢？从理论上说，凡是学生学习的相关情况，都应是我们的分析内容。从某种意义上说，学生的所有事情都可能是他学习的"相关情况"，比如家庭背景、身体状况、居住地域等，哪一项都会影响到他的学习。所以能掌握到的学生情况当然是越多越好、越细越好、越深入越好。但是在实践中，特别是在每一次的教学设计中，不可能都做这样的一次学情调查，对每个学生都进行一次访谈，这是时间和精力都不允许的。一般情况下，做教学设计中的学情分析时，只对那些普遍性的、有直接针对性的内容进行分析。

（一）学生的一般特点分析

毫无疑问，每个年龄阶段的学生有其独特的认知特征。皮亚杰（Jean Piaget）把儿童认知的发展划分为四大阶段，即感知—运动阶段、前运算阶段、具体运算阶段、形式运算阶段。每一个阶段都是一个统一的整体，每一个阶段都有其主要的行为模式。前一阶段的行为模式总是整合于后一阶段中，前后阶段不能互换。各阶段出现的年龄因各人智慧程度和社会环境不同而存在差异，可提前或推迟，但阶段的先后次序则保持不变。高中生的抽象逻辑思维明显占优势，并向理论型

抽象逻辑发展，辩证思维基本形成。

不同年龄阶段的学生不但认知特点、能力有所差别，其非智力因素也有所不同。到了高中阶段，随着年龄的增长，学生对自身和社会的认识更加深刻，理想变得相对实际一些，同时，也会导致一些学生学习的动力下降。

在对不同年级的学生的要求上是有差别的，特别是能力要求上的差别。比如要参加高考的高三学生和高一的学生面对同样的鸦片战争内容，教师的处理手段肯定是截然不同的。高一学生要求他们能简述鸦片战争的经过，记住《南京条约》的内容，但是高三学生就要求他们能分析英国工业革命与鸦片战争的关系、比较两次鸦片战争的异同。学生三年的学习时间，教师应该有一个全盘的考虑，有一个总体的和阶段性的设计安排，这才是符合学生特点的正确做法，也才能取得好的教学效果。

学情分析时也应该考虑到性别问题。20世纪20年代，美国心理学家桑代克（Edward Lee Thorndike）通过实验得出结论：女性在语言表达、短时记忆等方面优于男性；男性在空间知觉、分析综合能力、实验观察、推理和历史知识的掌握方面优于女性。这些差别不管是生理上的原因，还是社会原因，抑或兼而有之，性别对学习的影响是客观存在的。文科班的女生人数一般都多于男生，原因可能在于语言表达和短时记忆方面女生优于男生，而对于理化学科要求较高的空间想象力、分析推理能力，女生又不如男生。

不但学习倾向和能力倾向上有差异，男女生的性格、气质、情趣、理想等非智力因素也有明显的不同，这些同样会影响到历史的学习。桑代克认为男生在历史知识掌握方面优于女性也是有道理的。一般而言，男生比女生更关注时政，更崇拜英雄，更愿意去分析波澜壮阔、跌宕起伏的历史事件；女生更关注个体的命运，时常为具体历史人物的命运而感叹。

中国正处于急剧的社会转型时期，日新月异的变化给学生们烙上了鲜明的时代特色。80后的第一代独生子女是强调自我的，90后网络时代的孩子们是自信张扬的，教师在面对有鲜明时代特色的学生时，要多一分宽容的心态，不故步自封；多一分理解的气度，不高高在上。这样才能既坚持历史的内在要求和自己的特色，不刻意迎合学生，同时又不远离学生。

（二）学生的学习环境分析

均衡教育还任重而道远，学校之间软、硬件的差距在相当长的时间内还无法得到根本的改变，生源质量在不同学校之间也有很大差别。教学模式和教学方法一定要结合自身实际，不能一味模仿。进行学情分析时候，有条件的应该了解学生的家庭背景状况。家庭中的某些情况对教学有直接的影响。家里的经济情况，家庭成员的组成、职业，家庭的文化氛围，居住的周边环境等都会影响到学生的学习。

家访曾经是教师了解学生非常重要和非常主要的手段，在特定的时期起到过很好的作用。随着时代的发展，通信方式更加便捷，也由于个人的隐私权越来越受到尊重，家访好像已经成为一个"历史"名词。但是，家访的某些功能是其他学情分析方法无法取代的。亲眼看到的、亲身感受到的家庭情况和学生告诉你的是很不一样的，而且家访所增进的教师和家长的感情也是同把家长请到学校来不可比拟的。对于特殊的学生、特殊的情况，家访可能会取得意想不到的效果。

不同班级之间由于班风、学风的不同，也会存在差距。这跟生源和分班的方式有关，也跟班主任和科任教师的任教风格相关。一个十分严厉的班主任带出来的学生大都循规蹈矩、按部就班，如果你去开展历史活动，组织起来就费力一些；如果班主任追求自由、开放的管理，你的课堂可能更加活跃，但是纪律管理上恐怕又要多想些办法。

（三）学生的智力和非智力因素分析

智力在教育中是重要的概念，但也是争议很大、极易被误解的。早期的智力解释一般只涉及学习能力和成功适应环境的能力，后来又加入了诸如抽象推理、问题解决和决策等高级思维过程等能力。总之，智力可被看作个体的各种认知能力的综合。分析学生智力是极其困难的事情。有心理学家（如美国心理学家卡特尔 Raymond Bernard Cattell）把智力分成受遗传因素影响的智力和从社会文化中习得的能力。遗传因素影响的智力有空间关系认知、反应速度、记忆力及计算能力等；从社会文化中习得的能力有词汇、事实和技术等。但是，生活中的许多任务同时需要这两种能力。这一理论的重要意义在于它把人与生俱来的素质和后天通过学习而获得的能力区别开来，不仅在科学研究，更在教学实践上有很大的指导意义。如在历史记忆方面，有学生总是记不住，就应该做两方面的分析，而不是一味地要求刻苦和时间投入。另外，人的智力是多方面的，教师眼中不能够只有与试卷成绩相关的智力。哈佛大学心理学家加德纳（Howard Gardner）在1983年提出了多元智能理论。他认为人类的智能可以分成多个方面：逻辑数学智力、语言智力、视觉空间智力、音乐智力、身体运动智力、内省智力、人际关系智力、自然智力等。每一种智力都重要，都应该获得发展，因为从终生发展的角度来看，不同的职业有不同的智力侧重。很多时候，分析评价学生的智力是不全面的，也是有害的。对学生的智力基础要具体分析，比如要求学生制作某个时期的大事年表，并从年表中找寻历史规律，学生要运用的主要是逻辑数学智力，即用数字、逻辑及模型来量化和阐明或推理出一个结论的能力。它几乎不涉及记忆力或者人际关系智力。同样要求学生制作一幅历史地图，它主要运用的是视觉空间智力和身体运动智力。多元智能理论对学情分析有很大的指导意义，它的智力分类的方法使学情分析更有针对性。

近年来，教育和心理学界对非智力的研究非常重视。非智力因素指与认识没有直接关系的情感、意志、兴趣、性格、需要、动机、目标、抱负、信念、世界观等。这些非智力因素在人才的培养过程中有着不可忽视的作用。同智力分析一样，非智力因素的分析同样不是轻松的事情。学习动机是引发与维持学生的学习行为并使之指向一定学业目标的一种动力倾向。学习动机可解释引发、定向与维持学习行为的原因。促进学习动机的原因却是复杂的。成就感可以激发学习动机，但耻辱感也可以激发学习动机，所谓知耻而后勇；学习中获得了乐趣可以强化学习动机，但一些学生遇到了挑战性的问题也能激发学习动机。

学情分析是对影响学生学习的所有因素加以分析，教师应该从理论上掌握影响学生学习的因素，搞清楚这些因素是怎样影响学生学习的，这样才能逐步提高教学效益。

二、高中历史教学设计学情分析的策略

学情分析是教学设计中的必要话语。它既是教学研究的重要生长点，又是教师做好历史教学设计的基本功。若要做好学情分析，至少需要采取以下策略：

（一）学情分析要与具体的教学内容相联系

在历史教学设计中，学情分析中的常见问题，即是照抄教师参考用书或其

他辅导用书上的学情分析，或者只是笼统地分析学生某阶段的年龄、心理特征。如此的分析既不具体，又无实际内容，其导致的现象便是学情分析"放之四海而皆准"。

学情分析实质上是对学生具体学习情况的分析，学情分析的内容是影响学生在学习过程中有效学习的因素分析，学情分析侧重方法、内容与实践层面，为教学设计提供行动的基础和策略指南。在历史教学设计中，学情分析更聚焦对本课学习可能遇到的历史问题的深入分析与预测。教师要结合具体教材内容进行深度分析与探究，尽可能预测学生可能出现的学习问题，相对本课而言，学生已学过哪些相关内容？还有哪些知识遗漏？可能还需要补充哪些方面的"额外"内容？可能还会出现哪些方面的问题？所有这些都要做出分析与评估。学情分析只有结合具体的教学内容，才能体现学情分析的针对性。

（二）学情分析要做到具体化与细化

学情分析使教师教学尽可能准确化，借助学情分析，教师可从某些侧面寻求教学实施的有效依据，解除学生的认知困惑，定位学生的"最近发展区"，以制定较为理想、明确的教学设计。从此意义上讲，学情分析要做到具体化与细化。

如何对历史课堂中的"学情"进行细致、具体的分析？一般而言，要重视对与本课学习内容相"对接"的知识内容的分析，包括：学习本课内容的前提性条件有哪些？在教学上的意义是什么？本课所要分析的内容涉及哪些方面？如何分析这些内容？针对所分析的学习内容的特点，采取何种教学策略、教学手段和方式？等等。同时，针对上述分析内容，遵循相关认知学习规律，寻求与学习内容相衔接的外在学习条件。第一，如果学生认知结构中原有的概念或命题的概括性与包容范围高于要学习的新概念或命题，则新概念或命题的学习属于下位学习，教师可以根据下位学习的同化模式安排学习的内外条件。第二，如果新学的概念或命题的包容程度高于原有的观念，则新的学习属于上位学习，教师应根据上位学习的同化模式安排学习的内外条件。第三，如果新的概念或命题与原有知识既无上位关系，也无下位关系，则可考虑它们是否与原有知识存在某种并列的相互吻合的关系。[①]

学情分析在于将学生已经掌握的知识的情况看作教学的起点和最重要的因

① 皮连生.学与教的心理学[M].上海：华东师范大学出版社，2009.

素，并以此探讨学生从初始状态到目标状态的转变过程，其最终指向是为教师的有效教学行为提供准确的信息和依据。

第三节　高中历史教学设计学情分析的原则与方法

一、学情分析的基本原则

（一）全面性的原则

学情分析是对学生的学习情况进行分析。影响学生学习的因素是非常多的，经常是多种因素在对学生的学习共同起着作用，当然，这些因素有主要的，有次要的，而主要因素与次要因素又可能随着时空的变化而发生转变。所以进行学情分析的时候，不仅要尽量考虑到各种因素，而且要尽量考察各种因素的相互关系。比如进行学情分析的时候，要注意智力因素与非智力因素的关系。曾经，教师只对学生的智力因素感兴趣，但现在，非智力因素越来越引起了教育学和心理学界的重视。很多教师的经验也证明，一个人的理想、信念、情趣、爱好、性格、气质、自信心、意志力甚至比智力因素（记忆力、观察力、想象力、思维力等）对一个人的成长更为重要。非智力因素虽不直接参与认知过程，在学习过程中不直接参与对知识的接收、加工和处理任务，但它会直接制约认知过程，它起到的是动力的作用，以及调节和弥补的作用，不可忽视。试想，当一个学生学习动力不足，甚至对学习产生抵触情绪的时候，他还会有什么好的学习效果？

学情分析还要注意一般和具体的关系。一般指普通、通常，是对大类的分析，但是我们在做大类的分析时，采用的是不完全归纳的方法或者就纯粹运用经验和想象方式。在做一般性分析的时候还必须关注个体。历史是一门普及性很强，又很容易引起直接兴趣的学科，不少学生在小学阶段就阅读过《上下五千年》及各种名人传记等历史普及性读物，他们比其他学生了解更多的历史，也有更强烈的学习历史的兴趣，教师一定要关注这类学生，调动他们的积极性，不但对个体的发展有作用，而且对班级的历史学习氛围能产生积极的影响。如有一名学生对二战史和军事史有着狂热的兴趣，高一的时候已经自办了二战军事网站，自己还担任论坛的版主，策划了很多的活动。在学习二战的经过时，教师就退居"二线"，让这位学生走上讲台主讲。该学生准备得十分充分，不但有讲稿，还自制了课件。讲的时候，他发挥得也很好，讲得激情澎湃，听的同学也完全被他征服了。

（二）生成性的原则

如果说，传统课堂把"生成"看成一种意外收获的话，那么新课程则把"生成"当成一种价值追求；如果说，传统课堂把处理好预设外的情况看成一种"教育智慧"，那么新课程则把"生成"当成彰显课堂生命活力的常态要求。学情分析也应该是这样。世界是运动的、发展的，人也是生成性的存在，学生的发展具有丰富的可能性，教师不应该用僵化的思维看待学生。学生是人，也具有人的主观能动性，课堂上，他们并不是单纯接受知识的机器，而是带着已有的知识、经验、思考和感情来参与教学活动的。教学课程中进行学情分析的时候，我们的分析仅仅是一种预设，一种未经检验的假定。当教学环境发生改变时，学生可能会呈现出截然不同的表现。在一次竞赛课上，某教师抽到了一个成绩很差、纪律也不太好的班级授课。但上课的时候，效果却出奇地好，学生很配合教师，发言积极，接收力也很强，很多教师都说他们好像完全变了一个班似的。这是因为这个班级的学生很少被教师"邀请"去参加展示课，这次好不容易"展示"一回，他们感到很兴奋，自尊心和荣誉感被激发出来了。当学生受到某种情景或事情的刺激之后，常会有不同的表现。

进行学情分析的时候，教师心中要有"生成性"原则，计划中要有两手甚至三手准备，实践中才不会被惊喜弄得忘乎所以，也不会被预料之外的事搞得措手不及。

（三）多样性的原则

多样性即差异性，同样是成绩优异的学生，有的是刻苦的结果，有的是聪慧的结果。差生的原因更是千奇百怪，绝对不能一概而论。学生同样是表达喜欢历史，喜欢的原因五花八门，有因喜欢历史教师而喜欢历史的，有因喜欢看电视剧而喜欢历史的，有因喜欢军事而喜欢历史的，还有的学生看了一本《上下五千年》，就喜欢上了历史。如果单单以"这些学生对历史很有兴趣"这样的分析结果去指导教学设计，其针对性不是很强。上文讲述的那个二战的"发烧友"，他会比较苏军坦克和德军坦克的优劣，并对美军攻克日军在太平洋上的岛屿的位置、顺序、方式如数家珍，但历史考试成绩从来都不是出类拔萃的，因为他不喜欢经济史和文化史的学习。坚持多样性的原则要求教师不要被学生的表象所迷惑，一定要搞清楚表象背后的本质。坚持多样性原则更要求教师采用科学的方法去做学情分析，让分析的数据来做指导，不要简单地想当然。

（四）具体性的原则

进行学情分析最忌讳空洞抽象，只会说"大道理"，却没有实际的指导意义。如"这个班学生基础较差，不重视历史学科的学习"。基础差，差在哪些方面？不重视历史的学习，原因又何在？态度问题？习惯问题？抑或是教师的问题？又比如"分了文科班以后，班上学生学习历史的积极性提高了"。这方面一定要具体问题具体分析。很多学校的实际情况是，很多的学生并不是因为喜欢文科而选择读文科，而是因学理科吃力最终才选择文科。再比如"高一学生有探索解决问题的愿望，但独立思考的学习习惯较差"，难道所有的高一学生都这样吗？"探索解决问题的愿望"不就是"求知欲"吗？恐怕这是"人"的一个本质属性，不单单是高一学生的特点。这样的学情分析是没有实际效用的，也无从对教学设计产生积极的指导意义。

具体性就是要求教师在做学情分析的时候能够有实事求是的态度，采用实实在在的方法去分析学生，把学情分析当成一项重要的工作去做。不访谈、不调查，粗枝大叶地观察或者单单凭借以往的经验做学情分析是无从具体的。

（五）深刻性原则

学情分析切忌表面浅显。很多教师分析的时候还是停留在经验层面，只看到事物的表面现象，不能深入事物的本质。这既有能力问题，也有认识问题。部分教师觉得天天与学生打交道，对学生已经是十分了解，用不着注重学情分析方面，这是错误的认识。一个狂傲不羁的学生有可能是极度自卑的结果；一个成绩大幅度下滑的学生也可能是想故意引起教师对他的关注。对这样的学生，教师的一通不着边际的批评教育并无多少作用。要想掌握学生学习的本质，首先在思想上要认识到学情分析的重要性；其次是加强理论的学习，掌握科学的学情分析方法。学情分析是教学设计的前提之一，不能让其成为误导教学设计的罪魁祸首。

二、学情分析的主要方法

学情分析是对人进行分析，其复杂性和艰巨性不言而喻。但随着教育技术的不断发展，我们已经积累起一些行之有效的了解学生的方法。常用的方法有观察法、访谈法、调查法、测验、考察、问卷、课堂提问、与家长沟通、翻阅学生之前学习的历史教材等。每一种方法都需要专门的学习和训练，否则会事倍功半。

（一）观察法

用观察法进行研究，研究者必须制定严格的观察程序，采用恰当的方法，系统地观察研究对象，并要做好详细的记录。根据是否是人为场景，观察可分为试验观察和实地观察。许多研究都要设计人为场景，并对接受实验的群体和作为对照的群体进行观察，通过比较实验群体和对照群体的观察结果来探讨实验因素的影响。比如，要了解班上同学大声朗诵背书和大家默背对记忆效果的影响，我们就可以在历史成绩不相上下的两个班中分别施行这两种办法，然后比较学生行为的变化，进而探讨两种方法对学生的影响。所谓实地观察，就是到实验对象场景中去进行观察，如到班上听课。

依据是否参与到研究中去，又可分为参与观察和非参与观察。参与观察就是研究者参与到所研究的情景中去，变成研究群体中的一员，如参加学生的活动。为了得到真实的数据，理论上，研究者不能对观察对象实施任何干扰，如果学生知道教师在观察注意他们，那么教师观察到的就很可能是"表演"。但实际上，教师对自己的学生参与观察要得到绝对客观的事实是有难度的。而非参与观察中，学生的表现相对自然真实。

（二）问卷调查法

首先要确定调查目的，然后确定调查范围，是全校的、高一年级的、文科班的，还是理科班的，抽部分，还是全部调查。人数太多，时间、物质成本都会太高。只要有足够的有代表性的样本，便没有必要对每一个对象进行调查。如何选择足够量的、有代表性的样本是非常专业的技术，往往要根据调查的目的，综合考虑样本的性别、班级、年龄、家庭、成绩等各个方面。关于问卷设计、问卷发放和问卷回收，以及问卷的真实性的检测也属于专业的技术，需要学习才能正确掌握。问卷回收后，需要对问卷进行整理，整理的方式多种多样，利用计算机可使统计变得更加方便。对调查到的数字赋予其意义更是需要科学的方法，比较、分析、归类、取平均数等方法都是不太容易掌握的。比如取平均数的优点是将原始数据简化为易操作的形式，用数字来表示样本的总体基本状况，但平均数也掩盖了数据的原始分布状况，两个平均数相同的班级可能存在很多不同的地方。

（三）访谈法

访谈法是教师经常采用的了解学生的方法。谈话更直接，更有针对性，而且教师可以根据学生的反馈提出追加问题，使了解更深入，更全面。这是观察法和问卷调查法所不具备的优势。访谈可分为正式访谈和随意访谈。随意访谈就是泛泛而谈，可以有多个主题或者没有主题，谈话有更多的即兴内容。比如班上来了一个新学生，学习了一周之后，教师准备与他谈谈一周来的感受，这种谈话内容就比较广泛。听课的效果、作业的完成情况、与同学的关系、对教师的看法或者在原来学校的学习情况等都可以作为谈话内容。正式访谈需要教师带着很强的目的性和针对性，是为着搜集某些信息或者解决某个问题的谈话。所以，访谈前，教师要做好充分的准备，访谈的目的要明确，访谈的时间、地点也要选好；一些可能涉及隐私的谈话不宜在公共场合进行。访谈时，由于教师和学生身份、地位的差异，以及学生所认为的师生之间的某种关系（亲密、敬畏等），学生的回答可能会有不客观的内容。如何营造出让学生说出事情真实情况的环境，需要教师掌握很好的访谈技术。

每种方法都有其长处和短处，了解学生时，还需要综合使用，互为补充，要根据具体的目的来选择适当的方法。方法不仅需要学习，也需要训练和经验的积累，积累经验的最好方法就是不断地从事研究，从实践中进行积累和创新。

另外，要了解学生，教师最好多涉猎一些与教育相关的学科知识，如教育心理学、哲学、社会学知识等。

第三章 高中历史课堂教学目标设计

第一节　高中历史课堂教学目标的内涵

新时代新形势下，为全面深化改革开放，进一步推进社会主义现代化建设，促进人的全面发展和社会的全面进步，党和国家对教育事业提出了更高的要求。面对挑战，教育改革的步伐从未停止。新课标中将三维目标升华为核心素养，这是对新时代和新形势的回应，能更好地实现立德树人的教育目的。具体到历史学科，新课标下，三维目标被升华为五大核心素养，这对于高中历史教学来说，既是一种进步，也是一种挑战。

一、教学目标

受西方教育学界"教育科学化运动"的影响，越来越多的教育者开始认识到教育教学工作不仅仅是一门艺术，更是一门科学。而教学的科学性更多地体现在教学设计的严谨性，特别是作为教学设计第一步的教学目标设计。新课标的出现意味着新的教学目标设计势在必行。什么是新课标下的教学目标？新课标下，为什么要设计教学目标？又如何进行有效的教学目标设计？这些都是我们亟待解决的问题。首先，对于教学目标的概念界定，学界众说纷纭，笔者将在博采众长的基础上，对其进行更科学的界定。

（一）教学目标的概念

"目标"一词在《现代汉语辞海》中的解释是"目标是对活动预期结果的主观设想，是在头脑中形成的一种主观意识形态，也是活动的预期目的，为活动指明方向"。[①]于个人而言，无论大事小事，都应该制订合理的目标。因为有了切实的目标，做事才会更有计划性；有了切实的目标，做事才会更有效率；有了切

---

① 张瑞.现代汉语辞海[M].北京：中国书籍出版社，2003.

实的目标，做事才会更加积极。

目标以其独有的导向性、调控性和激励性，成为人们日常生活的"指南针"，指引着人们追求更美好的人生。于国家而言，目标更具有不可替代的凝聚力、向心力和振奋力。作为社会主义国家，我们向着共产主义的伟大目标不断向前迈进；作为中华民族，我们为实现中华民族伟大复兴的历史使命和伟大目标一直勇往直前。这便是目标的魅力之所在。

具体到教学目标，杜芳等人认为，教学目标是指教学活动实施的方向和预期达成的结果，是一切教学活动的出发点。[①]徐赐成认为："教学目标是人们对教学活动结果的一种主观上的愿望，对学习者应达到的行为状态的具体描述，是对教学活动预期所要达到的最终结果。"[②]从以上较具代表性的概念表述中，我们可以总结出教学目标的基本要义：第一，教学目标是教学活动预期的结果。第二，教学目标是教与学双方合作实现的共同目标。第三，教学目标是通过教学活动可以达到的结果。第四，教学目标是利用现有技术手段或方法可以测度的。总的来说，教学目标就是指对通过教学活动，教与学双方所要并且能够达到的预期结果的标准所做的规定或设想。

（二）教学目标的层次

教学目标可以分为五个层次：

1.教育总目标

所有的教育教学活动都应该服务国家和社会的需要。在新时代新形势下，立德树人是发展中国特色社会主义教育事业的根本要求。《国家教育事业发展"十三五"规划》（国发〔2017〕4号）指出，要"把立德树人作为教育的根本任务，培养德智体美全面发展的社会主义建设者和接班人。要遵循教书育人规律、遵循学生成长规律，以学生为主体，以教师为主导，创新育人模式，培育和践行社会主义核心价值观，不断提高学生思想水平、政治觉悟、道德品质、文化素养，让学生成为德才兼备、全面发展的人才"。新课标的修订以贯彻落实党的十九大提出的"立德树人"根本任务为指针，是对党的教育方针和社会主义核心价值观的细化、具体化，更是党的教育方针和社会主义核心价值观的落实和

---

① 杜芳，刘汝明.中学历史教学设计与案例研究[M].北京：科学出版社，2013
② 徐赐成.历史课堂教学目标的价值实现[J].历史教学问题，2015（01）：130-132，59.

体现。

2.学科教学目标

教育总目标是需要通过各科目教学目标的达成才能得以实现的。学科教学目标，即课程目标。"在评价课程时，人们所谓的好的课程，是指这一门课程在特定范围的背景中很好地满足了特定的目标。"①不同学科有不同学科独有的特点，因此不同学科有不同学科的课程目标。在新高考的指挥棒下，高中不再分文理课，不再是一战决生死，而是注重基础性学习和形成性评价。这是对各学科课程目标的重视，更对各学科课程目标的达成提出了更高的要求。为实现"立德树人"的教育总目标，各学科的课程标准都制订了各具学科特色的素养目标。如语文学科的核心素养为语言建构与运用、思维发展与提升、审美鉴赏与创造、文化传承与理解；数学学科的核心素养为数学抽象、逻辑推理、数学建模、直观想象、数学运算、数据分析；政治学科的核心素养为政治认同、理性精神、法治意识、公共参与；化学学科的核心素养为宏观辨识与微观探析、变化观念与平衡思想、证据推理与模型认知、实验探究与创新意识、科学精神与社会责任；历史学科的核心素养为唯物史观、史料实证、时空观念、历史解释、家国情怀，等等。新课标下，课程目标"从21世纪初倡导'三维目标'发展到'学科核心素养'目标，这不仅仅是关于课程目标表述的不同，而且反映了国家对基础教育育人要求的发展"。②只有通过以素养目标为导向的各科目的学习，才能培养德才兼备的人才；也只有全面发展的人才，才能适应当今世界及社会对人才的需求，才能实现"立德树人"的教育总目标。

3.单元教学目标

新课标下，高中历史课程分为三类课程：必修课程、选择性必修课课程、选修课程。每一类课程下设置若干单元，如必修课程下有二十五个单元。高中历史教材将一改之前多种版本并存的局面，最终统一使用部编教材。单元教学目标上承课程目标，下启课堂教学目标。单元教学目标设计是把课程目标转化为各单元教学目标的过程。新课标下，各个学科新教科书的编写更具整合性，更关注教科书知识面的广度。这样的编写特点更需要教师对单元内容有一个整体的把握，在

① [美]戴克·沃克，乔纳斯.索尔蒂斯，向蓓莉，王巧，莫蕾钮译.课程与目标[M].北京：教育科学出版社，2009.

② 胡伟琪.论高中历史教学从三维目标走向学科核心素养路径[J].华夏教师，2019（33）：31-32.

分析教材、进行教学设计的时候，能够在单元知识乃至整个知识体系上来把握。加之以素养为核心的课程目标的实现本就不是一蹴而就的，更不是通过一节课或两节课的学习就可以达成培养目标的。新课标下，单元教学目标的重要作用日益凸显。单元备课尤其是单元教学目标的设计以集体备课为最佳方式。各学科教研组应在进行专题学习之前进行集体教研，发挥集体的智慧，对单元教学目标进行优化设计，从而避免出现纯粹的就课论课，使课堂教学目标缺乏整体性与连贯性，最终无法真正实现以素养为核心的课程目标及"立德树人"的教育总目标。

4.课堂教学目标

教师教学过程中最常用的就是课堂教学目标，课堂教学目标设计是把专题教学目标转化为具体的课时教学目标的过程。它具体到每一节课，是教师进行教学设计的必备环节，也是第一环节，对教师的教学活动及学生的学习活动都起着重要的导向作用。课堂教学目标的设计从大的方面来说，不同的课型应有不同的课堂教学目标设计。如新授课与练习课的课堂教学目标设计方式就有很大不同。练习课的课堂教学目标设计应更具针对性，这样才能更好地关注到每一位学生的成长，进而促进学生的全面发展。课堂教学目标应根据课程目标、内容标准、专题目标、具体的教学内容、学生的实际学习情况乃至具体的学习环境加以生成和细化。

5.环节教学目标

环节教学目标是课堂教学目标的细化。教师在进行每个环节的教学设计时都应以总体的课堂教学目标为导向，并将整体的课堂教学目标细化到具体的教学环节。环节教学目标设计是把课堂教学目标转化为课堂具体的环节教学目标的过程。环节教学目标要与课堂教学目标保持一致，这样才能发挥课堂教学目标对教学各个环节的调节和导向作用，才能更好地实现课堂教学目标，进而实现单元教学目标、课程目标、教育总目标。同时，环节教学目标也是教师制定的个体层面的目标，是体现课堂教学目标层次性和生成性的最好反映。由此不难看出，环节教学目标的设计与实现虽是最基础的环节，却也是最重要的奠基石，不可忽视，更不能撼动。

二、高中历史教学目标

"立德树人"的教育总目标是各学科的最终教学目标，历史学科亦是如

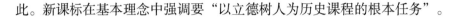

此。新课标在基本理念中强调要"以立德树人为历史课程的根本任务"。

（一）高中历史教学目标的层次

为更好实现"立德树人"的教育总目标，新课标下，高中历史课程目标由"三维目标"发展到"历史学科核心素养"的培养。按照前文对教学目标层次的分析，第二层次，高中历史的课程目标为"学生通过历史课程的学习，形成作为现代公民应具备的历史学科核心素养，促进全面发展、个性发展和持续发展。"①高中历史学科核心素养是高中历史学科育人价值的集中体现，是通过高中历史学科学习而逐步形成的关键能力、必备品格与价值观念。具体来说，高中历史教育要培养的价值观念是社会主义核心价值观；高中历史教育要培养的必备品格包括政治思想品质、道德人格和史学品格；高中历史教育要培养的关键能力是能运用科学的史学理论和方法来认识和解释历史的能力。历史学科五大素养目标既是对"三维目标"的继承与发展，更是提高与升华。同时，以五大素养为核心的高中历史课程目标的制定意味着高中历史单元教学目标、课堂教学目标和环节教学目标都要围绕或者体现高中历史学科五大核心素养。其中，第三层次，高中历史单元教学目标的设计仍应以集体教研的方式为最佳方式，而第五层次，高中历史环节教学目标要依据具体的高中历史课堂教学目标来设计，这里不再多加分析。重点放在最基础却也是最重要的第四层次，即课堂教学目标的设计与落实上。下面，主要对新课标下，高中历史课堂教学目标进行阐释。

高中历史课堂教学目标是指在高中历史课堂中，通过教学活动，教师及学生所要并且能够达到的预期结果。徐赐成认为，拟定课堂教学目标"不仅仅是学习者和学习内容的关系，而且应该是教育总目标在具体教学内容和情境上的投射"。②新课标下，高中历史课堂教学目标更应如此，在设计中必须体现和围绕五大核心素养，以更好促进五大素养目标在教学实践各个环节中的落实。

（二）新课标下高中历史教学目标的内涵

高中历史学科核心素养包括唯物史观、时空观念、史料实证、历史解释和家国情怀五个方面。新课标下，高中历史教学目标是五大核心素养的内化、细化

---

① 张华冕.高中历史课堂教学环节要素设计探析——例谈历史核心素养的培养[J].天津师范大学学报（基础教育版），2017，18（02）：44-49.

② 徐赐成.历史课堂教学目标的价值实现[J].历史教学问题，2015（01）：130-132，59.

和明确化。要最终实现五大核心素养的培养，就要先实现每个素养下具体的小目标。新课标中对每个素养下的小目标做出了具体的要求和明确的规范。只有对五大核心素养目标的内涵有细致而深刻的理解，才能更好地在高中历史教育教学过程中，不断渗透、引导并培养学生形成作为现代公民应具备的历史学科核心素养，从而促进学生的全面发展、个性发展和持续发展。

唯物史观是学生在学习和探究历史过程中应具备的科学的历史观与方法论。新课程改革以来，唯物史观在高中历史教学中的显现形式趋于内涵化，高中历史教材中虽鲜有唯物史观标志性词汇的出现，但对历史问题的分析观点仍然以唯物史观为核心。

总的来说，新课标下，唯物史观的具体目标可以分为认识和运用两个层面，前两个目标为认识层面的目标，最后一个目标为运用层面的目标。唯物史观是一个博大精深的理论体系，高中生不能也不用全面系统地学习和掌握，但至少应该了解以下唯物史观的基本观点和方法：第一，社会存在决定社会意识；第二，生产力决定生产关系；第三，经济基础决定上层建筑；第四，正确运用阶级分析法；第五，人民群众是历史的创造者；第六，人类社会形态经历了从低级阶段向高级阶段的发展。

时空观念是学生在学习和探究历史过程中独具学科特色的意识和思维方式。新课标下，时空观念的具体目标也可以分为认识和运用两个层面，第一点和第二点的"能够知道划分历史时间与空间的多种方式"为认识层面的目标，其他为运用层面的目标。

为方便单元、课堂及具体环节教学目标的书写，下面笔者简单列举划分历史时间与空间的几种方式：

第一，划分历史时间的方式可以分为具体的时间和宏观的时间。具体的时间表述最常用的是公元纪年法，如秦朝建立的时间为公元前221年，也可表述为公元前3世纪，除此之外，还有年号纪年法、干支纪年法等。宏观的时间表述有早期、中期、晚期，如明清时期为中国封建社会晚期。当然还有古代、近代与现代，以及前期与后期等表述方法。

第二，划分历史空间的方式同样可以分为具体的空间和抽象的空间。具体的空间概念是指每一个历史事件都发生在具体的、固定的地理位置和地理环境之中，如秦朝的疆域东起辽东、西抵临洮、南据岭南、北达长城等；抽象意义上的空间概念还包含了特定地理位置上的社会生产方式、文化生活等意识形态领域，如对外开放的格局呈现出由点到线，再到面的变化等。

史料实证是学生在学习和探究历史过程中应有的态度和特有的方法。新课标下，为达成培养学生史料实证这一核心素养的目标，史料实证必须遵循一定的原则，要坚持做到史论结合，运用多种类型史料互证，如王国维先生的"二重证据法"，注意挖掘史料背后的社会背景含义和特定情景，切忌望文生义、断章取义。

历史解释是学生在学习和探究历史过程中提升能力和促进生成的重要途径和方法，更能体现学生的综合素质。新课标下，历史解释是对高中生历史学习的一个较高的要求，也是历史学科要培养的关键能力所在。为促进学生历史解释这一核心素养目标的实现，认知领域教学目标的制订不应只停留在知识的识记这一低水平目标层面，而应上升到理解、运用、分析、综合、评价的高水平目标层面。

家国情怀是学生在学习和探究历史过程中所应有的人文关怀和社会责任。新课标下，家国情怀的表述方式与三维目标下情感态度与价值观的表述有若干相似成分，对广大一线教师而言是既熟悉、又陌生的。熟悉是因为表述方式相似，陌生是因为新课改以来，从"双基"目标到"三维目标"，再到核心素养目标，形式和要求一直在变，可具体的落实情况却变化不大。课改以来，教学目标的落实大多数还只停留在"双基"目标，对情意领域教学目标的重视和落实不足。同时，一线高中历史教师对家国情怀的理解也容易出现狭隘化的问题，缺少对"人类社会进步层面"的理解和把握。如今，新时代新形势下，为实现"立德树人"，为促进学生家国情怀这一核心素养目标的实现，教学目标万不能再只是停留在认知领域教学目标层面，更应注重情意领域教学目标的设计与落实。

第二节 高中历史课堂教学目标维度的确立

美国学者泰勒（Taylor）曾认为，教育目标不在于要教师从事某些活动，而是要使学生的行为方式发生有重大意义的变化，学校教育目标的任何陈述都应该是陈述要学生发生的变化，既指出要使学生养成哪种行为，又言明这种行为的内容或能运用的生活领域。[①]从教育目标分类学角度，布卢姆（B.S.Bloom）等人提出，要用学生外显的行为来陈述目标，目标是有层次结构的，每种类型的学习结果之间存在着一定的层级关系，由简单到复杂按顺序排列，前一目标是后一目标的基础，因而目标具有连续性、累积性，并可以设计测验来测量每一类型的结果。[②]

从学习论角度，美国学者马杰（R.F.Mager）认为，论述一个学习目标时，只需包括三个基本要素，即"行为""条件""标准"（见表3-1）。[③]

表3-1 马杰教学目标表述三要素

教学目标的要素	要问的问题	例子
学生的行为	做什么	把事实与议论标记出来
作业的条件	在什么条件下做	提供报纸上的一篇文章
合格作业的最低标准	做得怎样	至少有85%的句子标记正确

加涅进一步提出了明确表述教学目标的方式，提出了教学目标的五成分法。五成分分别是情境、习得性能的动词、对象、行动动词以及工具、限制和特殊条件。[④]台湾学者郭生玉认为，教学目标的表述在原则上应包括行为主体、行

---

① [美]拉尔夫·W.泰勒，施良方，译.课程与教学的基本原理[M].北京：人民教育出版社，1994.

② 袁振国.当代教育学（修订版）[M].北京：教育科学出版社，2003.

③ 吴立岗.教学的原理、模式和活动[M].南宁：广西教育出版社，1998.

④ [美]加涅，皮连生，庞维国，等译.教学设计原理[M].上海：华东师范大学出版社，1999.

为本身、行为情景、行为结果和行为标准五个基本要素。[①]

艾斯纳（Eisner）的教育鉴赏、教育批评的评价模式则增添了表意目标。表意目标不在于指出学生从事某些学习活动后所获得的行为的改变。表意目标所要的不是学生反应的同质性，而是多元性，希望通过教师提供的情境，学生可以获得其个人的意义。表意目标不能采用行为目标的方式来表述，不在于学生从事教育活动后应该展示的行为结果，而在于确立学生所经历的情境。[②]

以安德森的教育目标分类为代表的、旨在促进有效教学的教育目标分类，将学习、教学和评价紧密联系起来，强调对学生认知条件的关注，进一步关注学生有效学习的环境建构和所需的教学策略。[③]以罗米索斯基（Alexander Joseph Romiszowski）的知能结构与策略适配分类为代表的、旨在促进个性发展的教育目标分类，除了继续关注有效教学外，还对学生的个性发展予以关注，强调学生改造主观世界的本领，强调教学实践的人文性和生态性。[④]

综合来看，课堂教学目标的确立既要考虑行为主体对象、学生表现行为与教学情境，又要关注学生表现行为的条件以及其与评价、实践、内容的匹配性。

第三节　高中历史课堂教学目标的设计与表述

教学目标是教学设计活动的出发点和最终归宿，对教学具有重要的导向作用，是教学活动设计和教学评价的依据，制定科学合理的教学目标，在教学设计中至关重要。

① 吴立岗.教学的原理、模式和活动[M].南宁：广西教育出版社，1998.
② 黄甫全，王本陆.现代教学论学程（修订版）[M].北京：教育科学出版社，2003.
③ 盛群力.21世纪教育目标新分类[M].杭州：浙江教育出版社，2008.
④ 盛群力.21世纪教育目标新分类[M].杭州：浙江教育出版社，2008.

一、高中历史教学目标设计的基本原则

（一）整体性原则

根据系统论观点，教学是一个系统，同样，教学目标也是一个系统，它是由教学目的决定的。从纵向上看，教学目标分为课程教学目标、单元教学目标、课时教学目标；从横向上看，教学目标包括知识与能力目标、过程与方法目标、情感态度价值观目标。

教学总目标是贯穿整个教学活动全局的一种指导思想，是为实现教育目的而提出的一种概括性的总体要求，它把握着教学的发展趋势和总方向；学科课程教学目标是教学总目标的相对具体化，同时又决定着单元教学目标的制定；课时教学目标是上述目标更具体化和细化的目标，是在课堂教学中具体去实施的目标。所有这些目标又都包含有知识与能力、过程与方法，以及情感态度与价值观目标的内容。制定历史教学目标，要具有整体性原则，不能孤立地就课时而设计课时目标，而是要从"学科课程教学目标—单元教学目标—课时教学目标"逐步系统化，上下贯通，相互联系，各课时、教学目标之间是相互联系的，将其放在一个单元系统中考虑，还要兼顾各层次三维目标的基本要求，才能实施有效的教学。

（二）灵活性原则

学习对象千差万别，其知识基础、认知能力、认知结构、学习态度、习惯、风格等均不相同，制订教学目标时，必须具有一定的灵活性。教师要认真分析学生情况，分析教学内容特点、要求和难易程度，确定知识的层次，然后制订出灵活而富有弹性的课堂教学目标。

（三）层次性原则

教育是一种循序渐进的活动，教学活动是以学年、学期为单位加以组织与实施的，每一学年、学期都会有相应的教学目标，教学目标的制订要与学习者接受教育的层次相适应。首先，要考虑学生的层次性，由于学生个体的学习基础和学习能力存在差异，从每个学生的实际出发，在充分考虑学习者特征的基础上，制定出具有层次性的教学目标，使教学目标的难易程度符合不同学习水平的学生。其次，教学目标的制订要具有层次性，知识与能力、过程与方法、情感态度与价值观三维目标本身就具有层次性。"知识与能力属于第一层面的目标，是掌握方法和过程体验的基础和前提；过程与方法同属于第二层面的目标，它较知识与能力更高一级；情感态度与价值观属于第三层面的目标，也是最高级的目标。第一层面的目标是前提和基础，第二层面的目标是教与学的工具，第三层面的目标是情感升华和价值定位。"①课堂教学目标要体现由低到高逐次递进的不同认知水平，充分反映由知识转化为能力，并逐步升华的要求。

（四）操作性原则

课堂教学目标的实现不是学习的终点，而是学生能力发展的有效路径，教学目标确定后，教学策略的制定、教学媒体的选择、教学方法的运用等，都要为教学目标服务，教学效果的评价也要依据教学目的是否达成。教学目标应是具体的，可观察、可测量的，是可以操作的。

首先，教学目标要具体。教学目标必须明确、具体、有针对性，即根据课程标准的要求，根据教材内容和学生的特点，根据所教班级学生的共同基础及学习兴趣、习惯等，把教学目标细致化、具体化。但在实际的教学中，有的教师从知识与技能、过程与方法、情感态度与价值观三个方面确定教学目标，把教学目标定得大而全，往往流于形式。

其次，教学目标应具有可测性。历史课程标准明确说明使用"列举""知道""了解""说出""讲述""简述""复述"等行为动词的为识记层次要求，使用"概述""理解""说明""阐明""归纳"等行为动词的为理解层次要求，使用"分析""评价""比较""探讨""讨论"等行为动词的为运用层次要求，这些行为动词都是可测量的。相比较来讲，情感态度与价值观目标是一种内在的心理活动，难以用具体的语言来表达，要使它具有可测性，就要尽量指出其特定所指。

二、高中历史教学目标设计的依据

（一）历史课程标准

课程标准是教材编写、教学及评价的依据，是学生应该达到的基本要求，课程标准是教学目标制定的重要依据。

---

① 王彩霞.高中历史课堂教学目标设计探究[D].呼和浩特：内蒙古师范大学，2010.

历史课程标准规定了历史课程性质和课程目标，确定了历史课程的基本内容，提出了教学和评价要求。教师在制订教学目标时，要了解《历史课程标准》所提出的知识与能力、过程与方法、情感态度与价值观等内容的基本要求，并能对其科学性和可行性做出评价，了解具体的内容要求。

如高中历史必修Ⅰ专题七《欧美资产阶级代议制的确立与发展》要求：了解《权利法案》制定和责任内阁制形成的史实，理解英国资产阶级君主立宪制的特点。教师要分析相关内容中包括了哪些知识点、需要学到什么程度，这些知识的性质、范围及其所要达到的要求或标准。从其中分析，本课的主要内容是《权利法案》、责任内阁制、英国君主立宪制的特点。

有教师制订了这样的教学目标[①]：

（1）掌握"光荣革命"、《权利法案》的制定和责任内阁制的形成等基本史实。

首先，通过阅读教材，能说出"光荣革命"的背景及大致过程。其次，通过学习，能说出《权利法案》的主要内容。最后，能用自己的话叙述责任内阁制形成的过程。

（2）了解英国议会改革及相应选举规则的制定。

首先，通过阅读教材，能用自己的话解释英国议会改革的原因。其次，能说出议会改革方案的主要内容。最后，通过学习，能说出英国民主政治"大厦"的结构及内部运行机制。

（3）培养搜集史料、处理史料、运用史料的能力。

首先，通过阅读教材，能从中找出关于不同历史时期议会和内阁权力的消长情况的信息。其次，能从教材中分析出英国议会改革的特点。

上述目标充分体现了课程标准要求，教学目标明确、具体，便于检测，在实际教学中是切实可行的。

（二）教学内容

教学内容是实施教学目标的主要载体，它决定着课堂教学目标的水平层次，是影响教学目标制订的重要因素。教学内容是学习者系统学习知识、技能和行为规范的总和，教学内容分析的重点是确定学习内容的范围、深度及内容之间

---

① 王彩霞.高中历史课堂教学目标设计探究[D].呼和浩特：内蒙古师范大学，2010.

的关系。教学内容的范围是指学习者须达到的知识和能力的广度，教学内容的深度是指学习者须达到的知识深浅程度和能力的质量水平。对教学内容的准确分析是制订科学合理的教学目标的重要保证。例如，统编版高中历史必修Ⅰ第2课《秦朝中央集权制度的形成》的内容包括从诸侯争霸到秦朝统一、至高无上的皇权和中央官制、郡县制的全面推行。首先，确定内容的深度。本课涉及的重要概念有中央集权制度、皇帝制、中央官制、郡县制，学生必须深刻理解这些概念；其次，内容的广度，分析秦朝中央集权制度与夏商西周的政治制度和秦以后中国封建政治制度的关系；再次，本课内容间的关系，根据历史课程标准的要求和历史必修Ⅰ政治卷的特点，本课的主线是政治制度，那么第一子目中，秦朝的统一问题与政治制度的关系是什么呢？熟悉大纲版教学的教师都知道秦的统一是教学内容的重点，但在本课却不是，为什么呢？因为本课的重点内容是秦朝中央集权制度，秦的统一只是这一制度建立的背景或条件。因此秦的统一就不能作为一个重要目标去制定。本课的目标可以进行如下的设计：

（1）掌握皇帝制度、中央官制和郡县制的主要内容、特征和历史影响，分析理解秦朝中央集权制度的创立对秦朝及后世历史发展起到的积极作用和负面影响。

（2）借助人物画像、文物图片、历史专题片等感知秦的统一，利用历史结构示意图明确中央集权制度的内涵及相互关系。

（3）认识秦朝建立的专制主义中央集权制度巩固了国家的统一，有利于封建经济和文化的进一步发展，同时，也加强了对人民的控制。

（三）学生特点

教学设计的最终目的是促进学生的学习。学习活动的主体是学生，"学生具有的认知的、情感的、社会的等特征都将对学习的信息加工过程产生影响"。[1]教学目标的设计一定要依据学习者的特点。关于学生特点的问题，第二章进行了详细的讲述，在此不再赘述。

（四）社会需要

社会需要也影响着教学目标的设计，根据社会的要求来确定对学生的期望值，以社会目前的发展需要作为准则和价值观去进行教育。在设计教学目标时，

---

① 何克抗，郑永柏，谢幼如.教学系统设计[M].北京：北京师范大学出版社，2002.

教师要充分考虑学生通过哪些历史内容学习和何种学习方式，能够培养具有社会主义核心价值观的公民意识。再者，"在漫长的历史进程中，我国各族人民密切交往、相互依存、休戚与共，形成了中华民族多元一体的格局，共同推动了国家发展和社会进步，增强民族自信心和自豪感"。在教学中怎么去体现？如在《北魏孝文帝改革》一课中，可设计这样一个教学目标：简述北魏孝文帝改革的主要内容，理解孝文帝改革的背景及此次改革对中华文明发展的重大影响，初步认识民族交往、交流、交融对中华民族发展的意义。

（五）教学环境

教学环境也影响着教学目标的设计，广义的教学环境是指影响教学活动的全部条件，包括物质的和精神的，狭义的教学环境特指班级内影响教学的全部条件，包括班级规模、座位安排、班级气氛、师生关系等。此处的教学环境主要指的是与教学有关的物质条件，包括教学设施和教学时空环境。

教学设施主要指教学场所和教学用具等物质因素。教学设施是否完备、良好，教学用具是否齐全，是否有多媒体设备，是否有常用的历史地图等。教学时空环境是指教学的时间和空间情况，如课程安排是上午还是下午，是大班级还是小班级，是大教室还是小教室，等等，在教学目标设计时均应有所考虑。

三、高中历史教学目标的表述

如何表述教学目标？这是确定教学目标必不可少的技术问题。传统教学目标表述的主要弊端表现在三个方面：一是将目标表述为具体的知识点，即对学习内容的具体表述；二是以教学要求代替教学目标，主要提出的是对教师教学行为的要求，而不是对学生学习后要达到的学习结果的要求；三是目标表述上的含糊性，无法观察、测量和具体操作，从而导致教学目标形同虚设。

教学目标是教学活动的出发点，同时又是教学评价的重要依据。它的表述既要能反映学习者在学习中所发生的本质变化，又要具有可操作性，能被观察和测量，所以教学目标要具体、明晰和外显。

1962年，美国著名教学目标研究专家马杰出版的《准备教学目标》一书被视为"陈述教学目标中发起的一场革命"。之后，阿姆斯特朗和塞维吉（Armstrong Savage）以马杰的行为目标理论为基础，提出了行为目标ABCD陈述法，包含以下四个因素：

A——听众（audience），指目标所指向的对象，即行为主体。

B——行为（behavior），指行为主体在学习中的具体行为，即行为动词。

C——条件（conditions），指行为动词发生所需要的条件，即行为条件。

D——程度（degree），指行为动词可达到的程度，即行为水平。依据此陈述法，教师在陈述课堂教学目标时，重点说明以下四个方面：第一，谁？（行为主体）；第二，做什么？（行为动词）；第三，在什么条件下做？（行为条件）；第四，做到什么程度？（行为水平）

行为目标ABCD陈述法确实能够较好地发挥教学目标的导向、聚合、激励和评价作用，也是目前最契合新课标要求、运用最广泛的目标陈述方式。

1.行为主体——学生

学生是达成目标的主体，是教学目标表述句中的主语，因为教学过程中，学生是教学活动的主体，也是教学中最为活跃的因素，在教学目标编写中，以"学"为出发点，以学定教，目标集中在学生能做什么。教学目标是对学生可能发生的行为进行预设。

2.行为

行为是教学目标表述句中的谓语和宾语，是目标表述句中最关键的成分，主要说明学生在教学结束后应该达到什么样的要求。为使行为的表述具有可观察性，应该使用明确的行为动词来描述。例如，"描述北京人与现代人的不同"，行为动词"描述"就具有可观察性，"描述"的宾语就是"北京人与现代人的不同"。表述行为常运用动宾结构的短语，动词说明动作的类型，宾语说明学习的内容。

3.条件

条件是表明学生的学习行为在什么情况下产生的，是教学目标表述句中的状语，是影响学习结果的特定限制。因条件对教学目标的结果具有限制作用，教师在设计教学目标时应该注意对条件的准确运用。条件的表述一般包括行为情境、工具的利用、资料的辅助、时间的限制，以及他人的帮助与合作等。例如，"收集我国各地远古人类的考古资料，并按时间顺序排列，感受中国是人类的起源地之一"中，"按时间顺序"就是行为条件，是对行为动词"排列"的特定限制。

4.程度

程度是学生通过学习应当达到的表现水平，用来评价学习结果的达成度，是教学目标表述中的状语和补语部分，是教学目标中较为重要的内容。学生通过学习能达到何种水平，教师在对学生准确分析后进行判断，既不让行为表现程度停留在过去，也不让学生连跳都够不着目标，而是要让学生的学习进入"最近发展区"。

目标的表述常常表现为：条件（C）＋主体（A）＋行为（B）＋程度（D），但在制订教学目标时，四个条件完全具备有一定的难度，教师可以灵活掌握，但一般地讲，目标的表述中，主体必须明确，在一定条件下的行为及内容是要具体表示出来的。

例如，《郑和下西洋》一课的知识与能力目标就可以表述为：

（1）通过教师讲述郑和远航的经过，学生能够了解《郑和下西洋》的基本史实。

（2）提供郑和下西洋的有关资料，学生能够从多方面分析郑和远航的影响和意义。有的时候，行为主体也可省略，但行为主体是隐含其中的，而且行为主体一定是学生。例如，"用自己的语言解释权力制衡原则"中，行为主体省略，但我们能明显判断出来主体是"学生"，行为动词是"解释"，行为的宾语是"权力制衡原则"，这样的目标是外显的、可观察、可测量的，有利于教学和评价。

第四章　高中历史课堂教学流程与环节
以及逻辑的构建

历史教学流程与环节是历史教学设计不可回避的重要内容。好的历史教学流程与环节可以完善历史课堂结构，提升历史课堂教学的有效性。

第一节　高中历史课堂教学流程与环节

一、何谓历史教学流程与环节

教学流程与环节是教学活动进程中较为稳定的结构形式，它通常内在地接受特定的教育理念、教学理论或学习理论做指导，又与教学逻辑、组织阶段密切相关。教学理论界基于不同的理论观念，对此有着不同看法，代表性观点如下：

（1）赫尔巴特（Herbart）认为，教学必须通过明了、联想、系统、方法四个阶段，即明了——给学生明确地讲授新知识；联想——使学生将新知识与旧知识联系起来；系统——指导学生在新旧知识的基础上做出概括和总结；方法——引导学生把所学知识用于实际。[①]

（2）加涅认为，课堂教学过程包括：引起注意；告知学习者目标；激活相关的原有知识；呈现刺激材料；提供学习指导；引发学习行为；提供反馈；评估学习行为和促进记忆与迁移。[②]

（3）现代教学过程的基本环节包括激发学习动机—感知教学材料—理解教学材料—巩固知识经验—运用知识经验—测评教学效果。[③]

（4）确定教学进度和顺序是课堂教学最重要的决策。课堂学习的尝试和广度在很大程度上取决于教学进度和顺序。确定教学进度就是决定一系列教学活动

---

① 皮连生.教学设计——心理学的理论与技术[M].北京：高等教育出版社，2000.
② 皮连生.教学设计——心理学的理论与技术[M].北京：高等教育出版社，2000.
③ 黄甫全，王本陆.现代教学论学程（修订版）[M].北京：教育科学出版社，2003.

的进行速度。顺序指的是这个系列中各项应具有的关系。①

（5）课堂活动可以指师生的课堂活动，也可以指课堂活动的内容。课堂活动顺序既可以从师生相互作用的形式（指他们在课堂上做什么），也可以从课堂活动的实质内容来描述。前者一般称为"教学方法"或"方式"，后者称作"学科内容""课程"或"教学内容"。②

（6）正确的教学过程的逻辑实质就在于教材和教师布置的学习任务不要作为某种外来的、凝固不变的东西，而是作为在运动中的东西呈现在学生面前；在这一运动过程中，单个事实、具体的表象要跟概括、概念和一般学说联系在一起，而后者（概括、概念和一般学说）又要跟实际运用的技能和技巧相统一。教学过程的逻辑跟学科的逻辑有着密不可分的联系，但是并不等同后者。教学过程的逻辑具有更大的能动性、曲折性和矛盾性。它并不是学科的逻辑、学科的大纲和内容、教科书内容的简单投射。教学过程的逻辑是学科的逻辑与学生掌握教材的心理活动的"合金"。③

（7）所谓教学逻辑，是指教师基于对学科教学与学生发展关系认知的基础上形成的关于教学内容与教学活动序列安排的构想。④

可以看出，教学理论界讨论教学流程与环节的视角较为宽泛，具体到学科领域，历史教学界更多地谈论历史教学过程的基本结构，典型观点如下：

（1）综合课的基本结构包括：组织教学；复习旧课，导入新课；讲授新知识；巩固新课；布置作业。⑤

（2）从历史知识的特点来看，宜于采用传统的传授和学习书本知识的教学模式。一般地说，这种模式的结构是：感知史实材料；理解史实材料、认识其本质；巩固历史知识；运用历史知识；检查掌握的程度。⑥

---

① 中央教育科学研究所比较教育研究室.简明国际教育百科全书·教学（下）[M].北京：教育科学出版社，1990.

② 中央教育科学研究所比较教育研究室.简明国际教育百科全书·教学（下）[M].北京：教育科学出版社，1990.

③ 冯克诚.当代教学理论基本原理原则与文论选读（上）[M].北京：中国环境科学出版社，2005.

④ 董静，于海波.教学逻辑的价值追求与二维结构的运演[J].中国教育学刊，2015（08）：24-29.

⑤ 北京师范大学历史教学法教研室，等.中学历史教学法概论[M].北京：北京师范大学出版社，1988.

⑥ 于友西.基础教育现代化教学基本功[M].北京：首都师范大学出版社，1997.

（3）历史教学过程的基本结构包括：激发动机；感知历史；理解历史；运用知识；巩固知识；评估反馈。①

（4）综合课的基本结构包括：复习导入；讲授新课；巩固新课；布置作业。②

（5）综合课的结构一般包括：组织教学；复习提问；新课引导；讲授新课；巩固新课；布置课外作业。③

（6）综合课的基本结构与步骤一般是：组织教学；复习旧课，导入新课；学习新知识；巩固新课；布置作业。④

应该承认，传统历史教学界对教学结构的提法较为表面，理论视野也较为狭窄，对教学流程与环节的实质性探讨基本上没有涉及。事实上，在讨论教学流程与环节中，要有论证地解决下列问题：怎样向学生提出认识任务，才能使他们领会该认识任务；应当给学生提供哪些实际材料，按照怎样的纲目以及多大的分量来提供；应当向学生提哪些问题，布置哪些观察题和思考题以及建议学生做哪些独立作业；怎样才能使教学过程在掌握知识方面和在学生发展方面都取得最优的效果。概括地说，教学逻辑是历史教学过程的内容顺序与阶段环节，它决定着历史教学过程的推进与发展方向。历史教学流程与环节的内在关键是教学逻辑，教学逻辑反映着教学过程中的内容组织、环节、步骤间的关系建构，其内含的"转承""过渡"等逻辑关系是否合理、理性，是课堂教学评鉴的重要维度。历史教学逻辑系指在课堂教学中各环节、步骤的逻辑关系，它具体蕴含于历史课堂教学的内容流程中。⑤

---

① 叶小兵，姬秉新，李稚勇.历史教育学[M].北京：高等教育出版社，2004.
② 姬秉新.历史教育学概论[M].北京：教育科学出版社，1997.
③ 夏子贤.中学历史教学法[M].上海：华东师范大学出版社，1991.
④ 朱汉国，郑林.新编历史教学论[M].上海：华东师范大学出版社，2008.
⑤ 王德民，许燕.历史优质课堂的"教学逻辑"探析[J].现代基础教育研究，2014，14（02）：171-175.

二、历史教学流程与环节的构成

（一）导课环节

1.导课的基本要求

（1）目的明确，针对性强

导课应该针对的教学实际有两个方面：其一是指要针对教学内容而设计，使之建立在充分考虑了与所要学习的教材内容的有机联系的基础上，而不能游离于教学内容之外；其二是指要针对学生的心理年龄特征、已有知识和生活经验。如通常采用的释题导课法。

（2）简洁明了，恰到好处

由于一堂课的教学时间有限，导课又不是教学的重点，所以不宜在课的开头花费太多的时间。冗长、啰唆、不得要领的开头不但没有美感，而且不能取得良好的教学效果。艺术性的导课必须争取在较短的时间内，用最精练的语言达成事先要达到的目标。

（3）新颖有趣，能吸引人

根据心理学研究，新异刺激可以有效强化学生的感知，吸引学生的注意。具有新颖性的导课能够引起学生的兴趣。

2.导课的形式与方法

（1）问题导课

即制造悬念，就是在学生心理上造成强烈的期盼，使学生产生急于求知的迫切心情。悬念、疑问是思维的启发剂，它能使学生的求知欲由潜伏状态转入活跃状态，有力地调动学生思维的积极性和主动性，是开启学生思维的钥匙。有经验的教师都很注意设疑导课的启发功能，在导课时精心设计疑问，引发学生的思考。如学习西汉历史时，可以提问：知不知道苏武牧羊、张骞出使西域、驰名中外的丝绸之路？利用疑问、悬念，将学生引导到要学的内容上来。

（2）故事导课

采用寓意深刻、幽默轻松或精彩的故事导课是历史课堂中为学生所喜闻乐见的形式之一。上课之初，先用一个与教材内容相关或相似的故事调动学生的学习兴趣。如，学习春秋争霸时，讲述"围魏救赵"；学习秦末农民起义时，引用

"破釜沉舟"和"四面楚歌"。当然，故事导课宜短忌长，故事本身要能说明问题，教师还需引导分析，才不会使学生的注意局限于故事本身。

（3）温故导课

即利用已掌握的历史知识导入新课。它能较好地诱导学生将新旧知识进行相互联系，洞悉历史发展的线索。在温故的基础上接受新知是个循序渐进的认识过程，便于理解和学习。如在学习第二次世界大战时，首先引导学生共同回忆战前的局势：三个法西斯专政的建立，两个战争策源地的形成，三国轴心的勾结，法西斯的侵略扩张，英法美的推波助澜，大战的爆发如在弦上。由此导入新课，使学生在掌握历史内容的同时，了解前因后果。

（4）诗歌、识图导课

在学习文化史内容时，利用学生已学过的文学佳作（如一些优秀的唐诗、宋词、元曲）作为课堂教学导语，既活跃了课堂气氛，又掌握了作品内容。此外，历史教材有许多精美图片，利用图片进行导课，既增强了直观效果，又利于理解学习。

（5）释题导课

题目是文章的窗户，往往也是文章最精彩的概括。如"统一的多民族国家——秦"这一标题高度概括出了秦统一、多民族、中央集权、封建等几个特点。导入时抓住这几个要点释题，为学生学习课文扫除障碍，同时开宗明义，对学习掌握课文重点、难点内容有重要作用。

（6）激情导课

在课堂教学中，有的教材内容中包含着真挚的情感，即教师导课时"披文入情"，以情真意切的语言激发学生的情感，从而达到以情育人的目的。如讲戊戌变法时，首先做提问式讲解，从甲午中日战争的时间、结果入手，痛陈战争产生的深远影响：一方面，《马关条约》的签订，割地赔款，丧权辱国；另一方面，日本侵略得逞，又使帝国主义国家蜂拥而至，掀起瓜分中国的狂潮。中华民族面临灭种亡国之灾怎么办？民族希望何在？谁来拯救？从当时的形势导入教学内容，可以起到较好的效果。

（二）结课环节

1.结课的基本要求

（1）首尾呼应，相对完整

是指课的结束应当与课的开始相呼应，不能离题太远，不着边际。

（2）留有余味，引发学生思考

也就是说，在一堂课结束时，教师应注意语言的含蓄，不能把话说得太满、太绝，适当给学生留些思考的空间，使学生感到"课虽尽趣尚浓"。

（3）干净利索，适可而止

要求教师恰当地把握结课时间，及时、有效地结束教学。既不能把结课时间拖得太长，也不宜匆匆忙忙、随随便便地结束。

2.结课的形式与方法

（1）自然式结课

这种结课是在下课铃响时自然结束课程。

（2）总结式结课

即用准确简练的语言提纲挈领地把整个课的主要内容加以总结概括归纳，给学生以系统、完整的印象，促使学生加深对所学知识的理解和记忆，培养其综合概括能力。总结归纳的方式可视具体情况灵活变化。可以用简明扼要的语言复述讲解要点，强调应掌握的主要知识和概念等。这是一种比较常用的结课方式。

（3）拓展式结课

把学习过的知识向其他相关方面延伸，以拓宽学生学习的知识面，形成知识网络。

（4）对比式结课

将学习的知识与相关知识结合起来进行分析比较，找出其异同点，以使学生更深刻地理解知识。

（5）练习评估式结课

以课堂提问或练习方式对学习过的内容进行检测评价，以巩固所学知识。

（6）承前启后式结课

把导课时的悬念、学习中的疑问在结课时予以强调，谓之承前；选择与下节课相关的知识作为下节课的铺垫和伏笔，谓之启后。

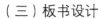

（三）板书设计

1.板书的基本要求

运用板书的关键在于教师要依据具体的目标、内容、学生特点、课堂情境以及自身的素质特点而做出灵活、合理的策略选择。

板书内容在黑板上的安排方式和位置不同，板书所获得的效果也不同。所有的板书均安排在边框以内。对主要板书，教师可依照板书内容的多少和黑板长度做适当分栏处理。每栏的宽度以不超过教师站立不动板书时较轻松地达到的宽度为宜。

板书设计要做到：一是条理清楚；二是书写工整；三是突出重难点；四是保留和擦除部分分明；五是形象地揭示内容的各种联系。

2.板书设计的主要形式

（1）从重要性和详略的角度来看，板书有两种表现形式：主要板书和辅助板书。主要板书能够完整地反映教师当前的讲述内容和思路，包括内容框架、重要概念、基本要点、主要结论和重点词汇等。辅助板书反映的是与当前学习有关、但相对次要的内容。它对主要板书起辅助、说明的作用。

（2）从板书的形象程度来看，板书的表现形式主要有以下几种：

第一，要点式板书。根据授课内容，在黑板上只列出标题、要点和层次。要点式板书能清晰地反映出授课内容的逻辑思路和层次，便于学生把握主要观点。但它高度概括，只适合高年级。要点式板书在很大程度上只是教材大小标题的翻版，表现形式较为单一，长期使用会失去对学生的吸引力。

第二，表格式板书。它是将教学内容中同一类概念、事物或事件的不同侧面分项目整理、归纳，并以表格的形式表现出来。运用这类板书，一般要求教学中的概念、事物或事件及其可分析的侧面均在两类以上。表格式板书便于将不同侧面对照比较，能直观地看出它们的异同点和各自的特征，能给学生留下深刻的印象。

第三，线条式板书。它是根据史实的发展过程、情节起伏或逻辑思路，选择关键性的词语，以线条、箭头等连接起来构成的一幅流程图。线条式板书能把隐含于教学内容之中的线索清晰直观地展现出来。

第四，图解式板书。它是以示意图的形式帮助学生认识某一事物的结构、空间位置和演变，或者人为地为某一内容配上具有象征意义的图案，帮助学生理解、记忆教学内容。

第五，结构式板书。把重大历史事件加以分解，归纳形成一个完整的概念。其优点是条理清楚、概念完整、言简意赅。

第六，方位式板书。按东、南、西、北、东北、西北、东南、西南八个主要方位，结合课堂教学的需要，把历史事件的空间位置或重要地名按不同的方位填入。其优点是形象直观、紧扣教材、方法简单。

第二节 高中历史课堂教学流程与环节的类型

历史教学流程与环节受一定教育理念、教育理论或学习理论的指导。在不同的教育思想、教育理论指导下，历史教学流程与环节会呈现不同的类型。

一、"传递—接受"类型

此种类型是我国学者在苏联教育学家凯洛夫（N.A.Kaiipob）教学思想的基础上，结合我国一些传统教育思想和教学实践经验而确立的。此类教学流程与环节模式的理论基础是辩证唯物主义的认识论和有关的心理学、教育学基础理论，主要是行为主义心理学理论。他认为，历史知识的内涵包括：具体的历史知识即史实知识，如时间、地点、人物和事件；规律性的历史知识，如历史概念、历史线索和历史规律等。具体的历史知识是客观的，规律性的历史知识是以具体的历史知识为基础并在马克思主义唯物史观的正确指导下得出来的，也是科学的。历史知识具有客观、真实、静态不变的科学一元性特征，历史教学也就成为教师系统讲授和学生准确掌握外在的科学历史知识的过程。此种类型的教学活动程序一般分为五个阶段：

1.组织教学

在上课开始阶段，要求学生做好学习准备，包括学习用品、良好的学习心态等。

2.检查复习

一般采用问答的形式对新旧知识进行联系，导入新课。

3.讲授新教材

这是历史教学中最主要的组成部分，教师按照教材内容进行新知识的讲授。

4.巩固新教材

可以是教师对所学习内容的总结与回顾，也可以是教师对学生进行提问或让学生进行练习，从而达到巩固新知识的效果。

5.布置作业

教师布置一定的作业作为学生复习、巩固所学历史知识或预习将要学习的新知识的一种手段。

二、"自学—指导"类型

此种类型的教学过程以学生自学为主，学生在教师的指导下进行自学、讨论交流等，实现自学和指导有效配合。此种类型的教学过程是以当代教育的"以学为主，教育教学要注重培养、发挥学生的主体地位，使学生学会学习"等理论为指导，实现师生互动的教学。[①]在历史课堂中，此种类型的教学活动程序一般分为以下阶段：

（1）教师出示课题和自学提示等，对学生自学做总的指导。

（2）学生自学教材。学生带着教师提供或布置的问题阅读历史教材，通过阅读了解课文的主要内容并尝试解答问题。教师对学生进行个别指导。

（3）学生讨论交流解决疑难问题，教师对学生的讨论进行启发引导，并针对普遍存在的问题进行精讲。

（4）教师结合本课的教学目标，让学生运用所学知识完成各种练习并进行评价、小结，使所学知识系统化。

---

① 黄甫全，王本陆.现代教学论学程（修订版）[M].北京：教育科学出版社，2003.

三、教学常规环节类型

此类教学流程以常规性的教学环节组织教学进程，从表层的教学环节中看不出其教学指导思想或教育理念。此种类型的教学活动程序一般分为以下阶段：

1.导入新课

采用多种方式引起学生的学习欲望。

2.学习新课

这是中心任务和主要环节。

3.巩固新课

可以通过教师概括、学生提问等方式巩固学习内容。

4.课堂小结

对本课教学内容进行总结。

四、教学逻辑类型

此类教学流程主要以课堂教学的内容逻辑为依据，以此来组织教学活动进程。教学逻辑类型的教学流程以教学内容的逻辑转换、衔接为依托，同时兼顾对教学内容的处理方式，能较深入地体现设计者基于教学立意对教学内容内在逻辑的理解与把握。此类型的教学活动程序除了课堂导入、小结两个环节外，主要强化对教学逻辑的呈现与把握，一般采取以下形式：

导入：依据教学主题、学生兴趣进行导课。

环节：教学内容包括对教学内容内在逻辑的理解与处理。

小结：对本课教学主题做总结、提炼或升华。

需要说明的是，重视教学逻辑类型的教学流程与环节体现了教师基于本课教学立意对教学内容的深刻理解，通常是历史优质课大赛中绝大多数教师采用的类型。

第三节　高中历史课堂教学逻辑的构建

一、高中历史教学逻辑的概念

教学逻辑系指课堂教学中各环节、步骤间的逻辑关系，它具体蕴含于课堂教学的内容流程。①具体来说，教学逻辑主要包含三个方面：教师对教科书内容的调整、对学生学习心理规律的把握、对学科体系内容的理解。这三大要素依次回答了优质课"教什么""如何教""追求什么"等基本问题。教学过程是教学逻辑系统内部要素间相互交织、有序协调统一的过程，所取得的教学效果是这三大要素相互作用共振的结果。教学逻辑是课堂教学的"骨骼"，是教学中教科书内容规约、认知逻辑推进、思维运行的指向标。历史课必须要有严谨、清晰的教学逻辑。高中历史教学逻辑是以史学逻辑为内核，以超越教科书编写逻辑为起点，以顺应学生学习心理逻辑为旨归的一核两翼结构形式。

二、构建高中历史教学逻辑的理论基础

（一）史观基础

历史学科体系是对历史的解释系统，能够把支离破碎的历史史实建构成一个有机的整体。限于篇幅，本文仅详述占主流地位的文明史观体系、现代化史观体系、全球史观体系。

1.文明史观体系

文明史观通常被称为文明史观研究范式。国外史学界对文明史研究的起步较

---

① 王德民，许燕.历史优质课堂的"教学逻辑"探析[J].现代基础教育研究，2014，14（02）：171-175.

早，肇始于启蒙运动时期。英国史学家汤因比（Arnold Joseph Toynbee）的《历史研究》将文明史观发扬光大。彭树智、马克垚先生开启了我国研究文明史的先河，2004年，北京大学出版社出版了马克垚主编的《世界文明史》。文明是人类所创造的全部物质和精神成果。[①]人类文明交往的基本内容是物质文明、精神文明、制度文明和生态文明。从横向来看，人类文明包括物质文明、制度文明、精神文明；从纵向来看，人类文明划分为渔猎文明、农业文明、工业文明、信息文明。文明史观既是历史教材的指导思想，又是构建历史知识体系的重要标准之一。文明史观是一种宏大的史观体系，基本涵盖了其他史观。

2.现代化史观体系

我国现代化史观体系的研究始于20世纪80年代，主要代表人物是罗荣渠。现代化就是指人类社会从传统的农业社会向现代工业社会转变的历史过程。[②]这是一种全方位的社会转型，涉及政治、经济、文化等各个领域。在政治上表现为从专制走向民主，经济上表现为从自然经济走向市场经济，文化上从一统走向多元。现代化的核心是工业化，动力是科技革命。现代化有两种类型：一种是内源的现代化，如英国、法国；一种是外源的现代化，是外力刺激诱导转变的，如日本、中国。现代化是人类文明的一种深刻变化，是文明要素的创新、选择、传播和退出交替进行的过程。

3.全球史观体系

全球史观是历史教学的理论基石之一。它是由英国史学家巴勒克拉夫（Geoffrey Barraclough）提出的，旨在突破传统历史研究中的"欧洲中心论"，建立一种超越狭隘民族和国家界限、公正地评价各个时代和各个地区的一切民族建树的整体历史观。新航路的开辟是全球化的起步，三次科技革命大大加快了世界一体化进程。19世纪末20世纪初，资本主义发展为垄断资本主义，世界终于成为一个紧密联系且不可分割的整体。世界历史的发展就是人类从封闭到开放、从分散到整体的过程。全球史观重在阐述不同国家、地区之间历史的联系和影响，重点关注不同文明间的交流互动。

---

① 马克垚.世界文明史[M].北京：北京大学出版社，2004.
② 罗荣渠.现代化新论[M].北京：商务印书馆，2004.

（二）学习心理学基础

1.格式塔学派的学习理论

格式塔派的学习理论是认知主义学习理论的重要组成部分，"格式塔"是德语"Gestalt"的音译，可翻译为"形式"的意思，指不可分割的整体。整体不是各部分的简单相加，而是各部分的内在联系。格式塔派强调学习的整体观，思维是整体的、有意义的，而不是知觉表象的简单集合。①格式塔派顿悟学习理论认为，学生贵在突破旧有知识和模式的束缚，使学生产生顿悟，并且掌握解决问题的方法，举一反三，触类旁通。这启示历史教师在课堂教学中要注意知识的整体性和结构性，注重单元知识间的内在联系以及相关背景介绍，不能就某课讲某课，尽可能摒弃条例式的教学方式。

2.布鲁纳的教学理论

在教学中，布鲁纳（Jerome Seymour Bruner）提出了结构教学观，指出要促进学生形成知识的整体认知结构。要加强对学科基本结构的理解，所谓学科的基本结构，包括基本概念、基本原理及基本态度和方法。②对学科基本结构的掌握有助于学生对知识整体性的认识、理解、动机、迁移。同时强化知识本身的结构性有利于提高学生的学习兴趣，促进学生创新意识的培养。这启示历史教师要明确目标地进行结构教学，使学生掌握历史知识的基本结构和内在逻辑关系。

（三）逻辑学基础

"逻辑"是一个音译外来词，20世纪初，由严复从英语"logic"翻译而来，其语源出自希腊文"logos"（逻各斯），它在希腊语中有"话语、思维、规律、原则"等多种意思。③在古代中国，逻辑称为名辩之学。逻辑学的诞生地是古代希腊，著名学者亚里士多德被公认为"逻辑之父"。逻辑学有广义和狭义之分；广义的逻辑学指研究思维形式、思维规律的科学。例如，逻辑学是与数学、化学并列的基础学科；狭义的逻辑学是指形式逻辑，形式逻辑又可分为传统的形式逻辑和现代的形式逻辑。传统的形式逻辑是用自然语言来研究日常思维的形式、规律、方法等问题。现代形式逻辑是借助特制符号和数学方法来研究思维形式问

---

① 杨树森.逻辑学[M].北京：高等教育出版社，2010.
② 玛忠亮，伍新春.教育心理学[M].北京：人民教育出版社，2000.
③ 杨树森.逻辑学[M].北京：高等教育出版社，2010.

题，理解起来相对困难。逻辑学从诞生那天起，就作为一门工具性的科学得到广泛应用。逻辑学研究各种思维形式和思维方法，是科学思维必须运用的，历史科学也不例外。研究历史教学逻辑有助于培养学生独立思考的精神，提高其逻辑思维能力以及勇于探索、大胆创新的观念，这与现代课程教学论倡导的培养学生创造性思维的要求相一致。

三、构建高中历史教学逻辑的依据

（一）史学逻辑

史学逻辑指的是反映历史真实的科学过程，体现科学认识历史发展规律的知识形成过程。它既包括历史知识发生、发展到形成的过程，也包括历史知识形成过程的基本途径和方法。史学逻辑要与其所反映的客观历史进程相一致，它关注历史科学知识形成的规律，体现历史发展规律的本质特征，符合史学逻辑的教学最能反映真实的历史发展过程。历史教学的本质在于求真、求是，而不是人云亦云泛政治化的宣传教育。历史教学中罗列的"背景""过程""结果""影响或意义"等内容就是抽象、总结出来的史学逻辑。人的理性思维对原本杂乱无序、真实的史料进行梳理分析，再现历史的全貌，以达到思维概念与客观历史的统一，这有助于培养学生的理性精神。

（二）高中历史教科书逻辑

教科书逻辑是指教科书的编撰者统编整本教科书的思路和方法。[①]教科书是教师教学的工具，教科书的内容本身体现了教科书的编写逻辑。教科书编写逻辑反映了编者本人对历史知识的理解，所呈现的历史知识逻辑是静态的、不完满的，并不完全适应历史教学过程的动态需求。历史教科书是记录历史的载体，而不是客观历史本身，理解、把握教科书内容是认识历史的重要手段，而不是最终目的，最终目的是认识历史客体。这就需要历史教师整合、调整教科书内容，以符合史学逻辑，顺应学生的学习心理逻辑。当然，对历史教科书内容的规约不是要脱离教科书内容，更不是不顾历史学科体系的胡思乱想，而是以教科书的编写逻辑为基础，结合史学研究的新成果，对其进行合理改造、整合，以超越教科书的编写逻辑。

---

① 黄牧航.论中学历史教材的逻辑结构[J].历史教学，2003（06）：9-14.

（三）高中生历史学习心理逻辑

高中生的历史学习心理逻辑是指中学生对历史知识的掌握由少到多、由浅到深的发展规律。[①]当前过于强调历史学科内在的逻辑性，而忽视了学生的学习心理规律，这给教育教学带来的危害是巨大的。因为中学生的心理需要是兴趣和动机产生的基础，而兴趣和动机又是影响中学生学习积极性的最直接因素。[②]教学是教师、学生、教材三者之间的互动过程。教师在掌握丰富的历史专业知识的同时，还需将知识传授给学生，这就需要教师了解青少年心理发展的基本规律，因材施教。历史教育教学要根据儿童青少年身心发展的顺序性，遵循由浅入深、由易到难、由低级到高级的顺序进行。[③]在班级中，学生有着不同的心理需求和思维能力，这就要求教师把握其心理特点，循序渐进，不要"拔苗助长"。

四、高中历史课堂教学逻辑的构建策略

历史教学逻辑与学科结构、学生认知特点以及教材内容密切相关。学科结构是由诸多科学事实、概念、原理、定律等按照一定的联系和方法构成的逻辑体系。[④]学科结构是教师进行教学设计或教学实施的"可能起点"，而学生发展状态是教学设计或教学实施的"现实起点"。学生的实际发展水平可能超前或落后学科结构中相应知识点的要求，教师要根据学生发展状态决定教学的知识起点、层次和相应的教学活动序列，促进学科结构向学生认知结构的转变。[⑤]同时，教材内容逻辑的类别等也影响着一节课的教学逻辑框架。具体而言，确立教学逻辑的依据与策略主要集中在以下方面：

（一）基于教材的知识逻辑构建教学逻辑

能否超越教材的知识逻辑是评判优质课"教学逻辑"的首要维度。课堂教学是以教师、教材、学生三者为主的动态互动，其内容主要来源于教材。教材以科

① 黄牧航.论中学历史教材的逻辑结构[J].历史教学，2003（06）：9-14.
② 范红军.历史课程本体论研究[M].石家庄：河北人民出版社，2009.
③ 土振宏.教育心理学[M].北京：高等教育出版社，2011.
④ 鲁增贤.从学科结构、教材结构到教学结构[J].河北师范大学学报（教育科学版），2000（01）：96-98.
⑤ 董静，于海波.教学逻辑的价值追求与二维结构的运演[J].中国教育学刊，2015（08）：24-29.

学体系为基础，其学习内容本身具有逻辑顺序性[①]。由此，依据教材呈现的教学内容本身就体现了教材的知识逻辑。不过，限于教材体例、篇幅等因素的制约，教材所呈现的知识逻辑是静态的，且不完满，并不适应教学过程的动态需求。这就为教学逻辑改造、调整教学内容提供了可能。

当然，教学逻辑对教学内容的"改造"并非要完全脱离教材。教材是教学内容的根基。教材的知识逻辑回答"教什么"的问题，它是教学内容中最实质的要素。好的教学逻辑需以教材的知识逻辑为蓝本，对其进行合理性删减、补充、合并甚至变更，以此实现对教材知识逻辑的超越。

（二）基于学生的认知逻辑构建教学逻辑

能否顺应学生的认知逻辑是评判优质课"教学逻辑"的第二个维度。课堂教学以学生为主体，教学成效也最终指向学生，这就决定了教学逻辑虽以调整教材知识逻辑为起点，但其进一步的推进还要以顺应学生的认知逻辑为旨归。

学生的认知逻辑回答"如何学"的问题，它是衡量课堂教学中学生是否"能学""会学"的关键要素。不过，具体学生的认知逻辑呈现出个体差异，教材的知识逻辑又以理性、静态为表征，这就需要教学逻辑能平衡两者之间的差异，着眼于教学内容的认知化。围绕教学主题设计现实的、情景性的教学流程，引导学生在情景中思考，尽可能弥合学生的个性化理解与人类规范化的知识之间的差异，这是教学逻辑顺应学生认知逻辑的核心。

（三）基于历史的认识逻辑构建教学逻辑

能否建构历史的理论逻辑是评判优质课"教学逻辑"的第三个维度。就评判的性质而言，如果说，超越教材的知识逻辑是基本"起点"，顺应学生的认知逻辑是必要"过程"，那么，建构历史的理论逻辑则是最终"归宿"。

建构历史的理论逻辑之旨向在于培养学生有关历史的理性思维与人文素养。历史不是史料的堆积。即便史料是原始、真实的，也需通过理性、逻辑的方式加以再现。通过逻辑的方式再现历史是整体把握历史真实的唯一方式，也就是逻辑与历史相一致。这是培养学生进行理性思维的最高境界。

逻辑与历史相一致是指人的思维逻辑与客观的历史相一致。"历史从哪里开始，思想进程也应当从哪里开始，而思想进程的进一步发展不过是历史过程在抽

[①] 钟启泉.现代课程论[M].上海：上海教育出版社，2003.

象的、理论上前后一贯的形式上的反映。"①也就是说，思维中的概念、范畴的逻辑体系要与其所反映的客观历史相统一。逻辑要以客观历史为前提或基础，逻辑的起点要与历史的起点相一致。在课堂教学中，好的教学逻辑恰恰能帮助学生建构这一点。

综合地看，评判历史优质课的教学逻辑至少需要从其与教材的知识逻辑、学生的认知逻辑以及历史的理论逻辑三个方面的关系来加以探讨。上述三个维度的关系是递进的，体现了历史优质课的内容流程是如何进行"过渡"与转化的：超越教材的知识逻辑涉及教师对教材文本的理解与阐释，回应了历史课"教什么"的基本问题；顺应学生的认知逻辑涉及教师如何把握学生的认知特点，回应了历史课"如何学"的基本问题；建构历史的理论逻辑涉及教师对学科价值的理解与追寻，回应了历史课要"达成什么""追求什么"的基本问题。聚合起来看，作为历史优质课，其教学逻辑应是课堂教学的基础与"骨架"，是课堂教学中内容组织、逻辑推进的路向标。

---

① 中共中央马克思恩格斯列宁斯大林著作编译局.马克思恩格斯选集（第2卷）[M].北京：人民出版社，1995.

第五章　高中历史课堂教学重点与难点的设计

第一节　高中历史课堂教学重点的确立

无论日常备课、大赛设计，还是听评课活动，教学重难点都是教师必然遇到的课堂要素与话题。但对相当部分教师而言，教学重难点尽管必须面对，却又日用而不知。教学重难点到底是什么？如何确立、突破教学重难点？优秀的历史教师需要追问与探讨。

一、历史教学重点的内涵

对教学重点的界定，理论界所积累的成果并不多。查询相关著作、期刊，列举主要观点如下：

（1）历史教学重点必须依据教学目的来确定，必须是教材中的中心课题或中心内容，必须是对历史发展起决定作用或产生重大影响的历史事件和历史人物。[①]

（2）"所谓重点，指的是教材中起主导作用的内容，是理解该部分教材的关键。"[②]

（3）教学重点是这节课中最主要的知识和思想教育内容，是为完成教学目的所必须着力讲授的部分。它是组成历史发展基本线索的主要内容和环节，是教学中的关键部分。[③]

（4）所谓重点，指的是课文的主要内容，是基本线索的主要环节，在实现教学目标、完成教学任务方面起主要作用。[④]

（5）从理论上讲，教学重点是体现教学目标要求的最本质部分，是集中反

---

①　何平.确定历史教学重点之我见[J].历史教学，1989（07）：36-39.

②　李可琛，等.中学历史教学法[M].广州：广东人民出版社，1981.

③　于友西.基础教育现代化教学基本功[M].北京：首都师范大学出版社，1997.

④　赵克礼.历史教学论[M].西安：陕西师范大学出版社，2003.

映教学内容中心思想的部分。从实际操作上讲，一节课的重点是该课教学内容中最基本、最重要的部分。①

（6）教学重点主要指确定的学习目标、学习内容和学习方式。确定的学习目标指教师在教学过程中要帮助学生制定发展目标，这种发展目标的核心是要符合学生实际的学习目标。②

（7）教学重点是指从教学目标出发，在对教学内容进行科学分析的基础上而确定的最基本、最核心的教学内容，通常是指一门学科所阐述的重要概念、原理、规律、技能，是学科思想方法或学科特色的最集中体现。③

从上述观点所界定的教学重点中可以看出，界定教学重点的视角与落脚点涵盖了史学要素（历史事件和历史人物）、教材观点、教学目标、课文内容、学习目标、学习内容、学习方式、学科思想方法与学科特色等，在更广泛的意义上，这些依托点都可与教学重点发生关联，并提供不同教育语境的规范与诠释。当然，在更深层面上，教学重点指向课堂目标。倘若将教学重点归属于教学内容，它无疑是教学内容的核心部分，是实现课堂目标最重要内容的依托。

二、确立历史教学重点的依据

从上述教学重点的诸种界定可以看出，确定教学重点的"支撑点"有着不同的性质与类型，具体可分为以下几种：

（一）外在的可能性依据

外在的可能性依据主要指实践中的、可能的外在关联，据此划分教学重点的凭借与支撑，从这一维度来看，主要包括历史事件的作用和影响、教材的内在联系和主从关系、对学习历史所起的作用等。

1.历史事件的作用和影响

在一节课的教学内容中可能涉及多个历史事件，确定某个历史事件是否是重点，就要看其在整个历史进程中的作用和影响。比如，《三国鼎立》一课通常涉及"官渡之战""赤壁之战"等重要战役，它们都是三国时期以少胜多的重要战役，两者究竟哪个是重点内容，就要看其对历史发展的全局性影响和作用："官

---

①　叶小兵.重点的选定[J].历史教学，2005（09）：54-55.

②　张洁.教学重点与难点的学习化理解[J].辽宁教育，2012（05）：56-57.

③　复才.在历史教学中如何突出重点[J].宁夏教育，1997（11）：37.

渡之战"促进了曹操统一北方，"赤壁之战"奠定了三国鼎立的局面，两者相较，"赤壁之战"对那一时期历史发展的作用更大，应作为重点处理。①

2.教材的内在联系和主从关系

历史教材内容源自课程标准，既有一定的指向性，又有其自身的编撰系统性。在确立教学重点时，需要考虑教材的内在联系和主从关系，依据某一知识在教材内容中的地位或作用进行辨别与确立。

3.对学习历史所起的作用

"以学定教"是新课程的教学理念。在课堂教学中，重点往往也是变化的，变化原因之一就是学生的实际情况，教师可根据学生的学习基础和知识本身的特点及难易程度，再结合学生的理解水平来确定教学重点。

（二）内在的根本性依据

内在的根本性依据主要指根据内在的学理分析及其决定性的根本关联，据此划分教学重点的凭借与支撑，从这一维度来看，主要包括教学立意、课堂教学目标。

1.教学立意

这是决定一节课教学重点的最根本性依据。从上述实践中的、外在的可能性依据来看，无论根据历史事件的作用与影响，还是依据教材的内在联系和主从关系、对学习历史所起的作用等支撑点来确定教学重点，都只能是外在的可能性判断，这样的判断在实践中能有一定的指向性效果，但并不恰当与准确。

2.课堂教学目标

从学理上看，教学目标决定教学内容。无论历史事件的作用和影响，还是教材的内在联系和主从关系，或对学习历史所起的作用等，这些外在因素都最终以与教学内容的关联呈现出来，而其关联背后的指向仍在于课堂教学目标的达成。从这一意义上讲，依据课堂教学目标也可以确立教学重点。

综合来看，如何确定教学重点，其依据背后折射了一定的教学理念。以历史事件的作用和影响或以教材的内在联系和主从关系为依据确立教学重点，折射了一定程度的"知识决定论"；以对学习历史所起的作用为依据确立教学重点，反映了考察依据开始向"学生中心论"倾斜；而依据课堂教学目标或教学立意确

---

① 叶小兵.重点的选定[J].历史教学，2005（9）：54-55.

立教学重点，则又回归到教学重点的本质诉求上，尽管以课堂教学目标确立教学重点缺乏某些实践"抓手"，以教学立意确立教学重点更有一定的操作难度，但是，它们毕竟是衡量教学内容是否能成为教学重点的内在标尺，值得优秀的历史教师在实践中探讨与追寻。

三、突破历史教学重点的策略

依托教学重点的内外支撑点，将其在实践层面的不同维度加以归纳，可形成以下突破教学重点的具体策略：

（一）聚焦历史教学立意的内容指向

教学重点与教学立意的内在关联最为紧密。教学重点作为教学内容的聚焦所在，其内容指向与本课教学的立意紧密相连。更直观地说，它是映射教学立意、达成教学目标的最重要载体，内含着体现教学立意、教学目标的多个内容维度。教学重点的解决不可能一蹴而就。在多数情况下，其解决过程需要若干个关键"节点"，需要相关的内容支撑。解决教学重点，可将教学立意聚焦的重点内容分为若干个关键"节点"，逐次、分类加以突破。

（二）落实与贯通历史课程标准的内容目标

课程标准是课堂教学的基本依据，其所包含的内容标准既是设计教学内容的基础性依托，更是达成历史课堂教学目标的重要参照。在课堂实践中，可分析课程标准的内容要求，将其目标指向的重点内容落实于课堂。

第二节　高中历史课堂教学难点的确立

一、历史教学难点的内涵

与教学重点类似，教学难点也是教师日常备课中容易涉及，但常未曾深思的课堂要素和话题。迄今为止，理论界对教学重点的界定也不太多，主要观点如下：

（1）难点指学生对教材不易理解的部分。[①]

（2）难点有来自教材的，也有来自教师的，还有来自学生的。[②]

（3）所谓难点，是指教材中难以处理的知识点。[③]

（4）所谓难点，主要是指学生在学习教科书内容时所遇到的困难。[④]并将历史教学难点分为理论性难点、史料性难点、历史发展进程的难点、事件行进过程的难点。

（5）学生不易理解的知识、不易掌握的学习方法、不易获得的学习能力都可以被包含在教学难点的范畴内。[⑤]

（6）教学难点是学生学习上阻力较大或难度较高的关节点，是头绪较多或较艰深的内容，也就是学生难于理解而有待教师启发解惑的教学内容。[⑥]

（7）历史教学的难点一般是指与学生已有的认知水平存在较大落差，不经

[①] 赵恒烈.历史教育学[M].石家庄：河北教育出版社，1989.
[②] 夏子贤.中学历史教学法[M].上海：华东师范大学出版社，1991.
[③] 于友西.中学历史教学法[M].北京：高等教育出版社，1988.
[④] 赵克礼.历史教学论[M].西安：陕西师范大学出版社，2003.
[⑤] 杨志才.给历史教师的101条建议[M].南京：南京师范大学出版社，2005.
[⑥] 杜芳.新理念历史教学论[M].北京：北京大学出版社，2009.

过教师的启发、讲解，学生难以理解和掌握的那部分教材内容。①

可以看出，界定教学难点的视角与支撑点主要涉及教材难度、学习难度、教师指导难度、教学目标实现难度等维度，这也折射了教学理念、理论关注点的位移和质变。在较早的传统观念里，教学难点常指学生难以掌握的知识技能和技巧，或是学生不易理解的知识内容，但后来，这种指涉的范围、对象、焦点等都逐渐发生了改变与拓展。在较一般的意义上，教学难点是课堂教学之中教师"难教"、学生"难学"的部分。遵循学生认知规律，恰当处理教学难点，无疑会使教师易教、学生易学，这对提升课堂教学的有效性至关重要。

二、历史教学难点的确定

依据上述分析，教学难点无论从哪个角度界定，其最终都落在学生的学习难点上。也就是说，教学难点的确定，可以从形成学习难点的因素来进行，主要有以下几种：

（1）针对学习内容，学生缺乏相应的知识储备与知识连接，或者时空距离较远，难以形成深入的感知与理解。从学生认知规律上看，学生获得新知识的顺序大致是由浅入深、由近及远、由已知到未知，循序渐进的。如果学生缺乏对学习内容的必要知识基础，就难以真正理解新的知识内容。

（2）鉴于学生学习新的概念内容时缺乏相应的概念思维或认知基础，导致学生认知过程冲突或内容冲突，使学生陷入认知困境。建构主义学习的相关理论认为，认知学习受三个过程的影响，即同化、顺应和平衡。对历史学习而言，学习新的历史内容时，学生需要将新知识纳入原有的历史认知中，这就是同化的过程。当学生不能用原有历史知识理解新内容，或在与新内容顺应的过程中不能平衡协调时，就会产生认知障碍与困惑，形成教学难点。比如，《鸦片战争》一课的"领事裁判权""片面最惠国待遇"等概念，学生对其较为陌生，如果教师在教学设计中不能补充相关的辅助性理解内容，就会形成教学难点。

（3）由知识迁移所产生的负迁移作用也会形成教学难点。如上所述，学习历史知识内容是在已有知识基础上进行的，但学生在由已知向新知转化的认知过程中，未能做到合理性迁移，未能将相关的知识原理或概念运用于新的学习之

---

① 蒲元强.对高中历史课堂"教学难点"认定和突破的思考[J].农家之友（理论版），2010（12）：45-46.

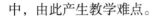

中，由此产生教学难点。

（4）对于教材内容中综合性较强、时空跨度较大的历史问题，或理论抽象的概念性问题，非知识认知所能解决，也会形成教学中大的难点。比如，高中《鸦片战争》一课从属于"近代列强侵略与中国人民的抗争"单元，其教材内容主要是从近代中国所面临的西方列强殖民入侵所带来的"外患"以及由此引发的中国人民对其所做的"抗争"这一维度进行叙述的，而对西方列强入侵中国所带来的客观上的"被近代化"缺乏描述与呈现，由此，对近代西方殖民主义侵略的双重性缺乏理性认知，教学中容易形成情感冲突，甚至产生大的认知或情感难点。

（5）由于教师的教学风格、专业能力与学生的认知特点不匹配，或教师教学方式失当，也容易产生教学难点。比如，有些教师善于叙述，却短于剖析，有些教师对学生所要学习的内容缺乏深入理解，转化于教学之中，都会对学生造成教学难点。

三、突破历史教学难点的策略

教学难点的解决可以选择多种"突破点"，但从学生的认知维度来看，主要可选用以下策略：

（一）适时补充必要知识点

知识衔接通常指新旧知识之间的联系。在历史课堂中，新知识呈现之时，倘若学生已学过的旧知识不能与其发生意义交汇、思想通联，即出现了所谓知识衔接之"难"。从有意义学习角度来看，"知识是一种依托认知（求知）心理过程的有意义产品。这种产品关乎'逻辑的'（文化的）意义观念和相关背景（"锚桩"）观念之间的互动之中。也就是说，知识是依据认知而形成的与"逻辑的"意义观念、相关背景观念的互动。新旧知识之所以发生断裂，是由于缺乏必要的"逻辑的"意义观念或相关背景观念。在这里具体体现为缺乏必要学科知识点的连接。

（二）巧妙设置认知冲突

如果说，以上知识主要强调了新旧知识之间的联系，那么，知识理解则涉及知识对象的本质和意义。历史知识所涉及的一般是过去的事情，限于时空距离，其知识对象常常"今非昔比"，过去的事情很难凭借今天的经验加以认知，知识理解之"难"也会在所难免。

突破知识理解之"难"，可巧妙设置认知冲突。认知冲突是指学生原有的认知结构与所学新知识之间的矛盾。学生在学习新知识之前，头脑中已具有了形形色色原有的认知结构。当他们学习新知识时，总是试图以这种原有的认知结构来同化对新知识的理解。当遇到不能解释的新现象时，就会产生认知冲突。认知冲突是连接学生固有经验与新知识的通道，是理解知识的重要认知途径。尤其当学生理解新概念时，认知冲突会使学生的已有经验受到挑战，会使学生更加倾向改变旧概念。当然，引起学生认知冲突的条件需具备以下特征：一是已有经验似乎不能解释新问题，学生对已有（或错误）概念不满；二是新概念对学生而言，必须是可理解的；三是新概念一开始就必须看似更有道理；四是新概念应该更有效果、更有解释力，更能有效解决未来的问题。

在历史课堂中，知识理解之"难"常因历史对象的"今非昔比"而引起，认知冲突恰恰是要学生引起对历史对象独有的个性特征的警觉，以此来区分"今昔"对象的不同，突破知识理解之"难"。

（三）多维度设置情境体验

从个体学习角度来看，学习历史的过程并非"史学意义上的历史过程"，而是学生接触历史后，由感知、理解、体验至升华的多维心理建构过程。历史学习体现着学生个体思维与历史文本的过程性互动，其"神入"、感悟历史是这一互动过程的最高境界。不过，由于历史对象的内容复杂、学生经验和认识能力与对象内容的差距，也会出现过程感悟之"难"。

突破过程感悟之"难"，可多维度设置情境体验。体验的基础或起始点是深度感知。"感知的优势被表述为直接经验的前提性、真知性以及与间接经验的互补性，它对学习的意义是，如果未来通过记忆复现时，会体现出情节记忆与情绪记忆的效果，会产生真实、自然的场景回忆，有助于与知识产生联系。"就此而言，情境体验能够超越知识手段的局限，能将个体当下的感知、直接经验与真知性的间接经验交融起来。从学习角度来说，情境体验能透彻地理解知识的内涵和意义，拓宽知识理解的广度和深度，而不是囫囵吞枣、浅尝辄止。当然，需要强调的是，情境体验远不止感性体验，它更需要理性的发掘与深入，即通过纵向联系与横向挖掘，凭借分析、归纳、比较、推理、概括等思维活动，超越所感知的历史内容，直达历史对象的深处，力求获得更深入的理解。

设置情境体验不是要追求形式上的热闹和新颖，也并不止于表面上的直观体验。情境体验的关键在于让学生获得体验的历程，于体验之中多角度地去思考、感悟。鉴于历史对象内容的复杂、学生经验的有限，多维度情境体验有助于学生认识历史对象的各个侧面，弥补学生经验与历史对象之间的差距，也便于更深入地感知、透彻地理解历史对象，突破过程感悟之"难"。

（四）适当设置价值观冲突

与知识理解相比较，情感体验属于较高层级的学习领域。不同类型学习的设计，其遵循的设计原理各有不同。"概念和原理的学习属于知识的建构，必须巧妙地设置认知冲突；技能的建构是操作的学习，必须有真实性的任务驱动；情感、意志的建构属于价值与审美观念的学习，必须设置价值观冲突并获得情感体验。"[①]由此来说，历史课堂中若要突破情感体验之"难"，可适当设置价值观冲突。

情感与价值观同处于个体意识的最深层，个体情感体验与其所理解认同的价值观呈正相关。对学生而言，情感体验之"难"常发生正向价值观的迷失或疏离。此时，可适当设置价值观冲突，以澄明、矫正学生的价值观偏失，实现学生情感体验与其所认同的价值观的共鸣。

设置价值观冲突的目的在于让学生辨清并认同正向价值观，奠定学生情感体验的理性之基。价值观认同是学生价值观推理和判断转化为价值观行动的关键环节，是促进学生升华积极情感、突破学生情感体验之"难"的动力之源。

以上针对不同层次与类型的教学难点，探讨了教学难点的应对策略。教学难点产生于不同的内容背景与条件，其认知性质与解决路径各有差异。区分教学难点的差异、遵循学生的认知特点是突破教学难点的必要选择。

---

① 桑新民.建构主义的历史、哲学、文化与教育解读[J].全球教育展望，2005，34（04）：50-55.

第六章　高中历史课堂教学方法与策略的设计

第一节　高中历史课堂教学方法的选择

在历史课堂中，如何达成课堂教学目标、完成教学内容，需要设计与其相适应的历史教学方法。对于特定情境中的目标、内容或与之相关的问题，还需要设计相适应的历史教学策略。

一、历史教学方法的内涵

方法是指向特定目标、受特定内容制约的有结构的规则体系。"方法"这一概念至少有三个基本规定：

（一）方法受特定价值观的制约，旨在实现特定的目标

方法不是价值中立的、放之四海皆准的，而是受特定价值观的制约并体现特定的价值观；同时，方法是人根据特定目标、为了实现特定目标而制订的操作系统和步骤，所以方法具有指向性。

（二）方法受特定内容的制约

黑格尔说，方法是"关于内容的内部的自我运动形式的意识"。内容决定方法，方法受内容制约。

（三）方法是具有结构的规则体系

方法受特定目标的指引，受特定内容的制约，是基于对目标与内容的认识和理解的操作规范，所以它是有计划、有系统、有结构的。①

教学方法是由教学方式与学习方式运用协调一致的效果决定的，也可有多角度的内涵界定，代表性观点如下：

---

① 张华.课程与教学论[M].上海：上海教育出版社，2000.

（1）教学方法是指为达到教学目的，实现教学内容，运用教学手段而进行的、由教学原则指导的一整套方式组成的、师生相互作用的活动。①

（2）教学方法是为完成教学任务而采用的办法，它包括教师教的方法和学生学的方法，是教师引导学生掌握知识技能、获得身心发展而共同活动的方法。②

（3）教学方法是在教学过程中，教师和学生为实现教学目的、完成教学任务而采取的教与学相互作用的活动方式的总称。③

（4）教学方法是引导、调节教学过程最重要的教学方法和手段。它是教学中旨在实现课程（学科课程）所计划的教学目标，旨在接受一定的教学内容，师生所必须遵循的原则性的步骤。④

（5）教学方法是指大多数教师能够充分加以运用并适合多学科反复使用的教学步骤或程序。⑤

（6）教学方法是为促进学生学习，教师组织班级全体成员分别向每一个学生提出意见及使用其教学手段的各种方法。⑥

可以看出，教学方法是为教学目的服务的，教学方法具有可操作性，有一整套的程式或方式，它是能满足教学目的的一切方式方法的总和。具体到历史学科，历史教学方法是指向历史教学目标、受历史教学内容制约、在历史教学过程中为师生所共同遵循的教与学的操作规范和步骤。它是引导、调节历史教学过程的规范体系。

二、历史教学方法的类型及运用

教学方法是教师指导和帮助学生学习的方法，从不同维度可做不同的类型区分，并且，每种类型的教学方法都具有各自的操作步骤与运用特点。

---

① 王策三.教学论稿[M].北京：人民教育出版社，1985.
② 王道俊，王汉澜.教育学[M].北京：人民教育出版社，1989.
③ 李秉德.教学论[M].北京：人民教育出版社，1991.
④ [日]加藤正夫，钟启泉，译.教学论原理[M].北京：人民教育出版社，1998.
⑤ 鱼得海，东岳.浅议互动教学模式的构建方法与运用[J].体育世界（学术版），2019（10）：114，120.
⑥ 李富贵.论教学方法的创新意义——案例教学价值分析[J].价值工程，2012，31（24）：266-267.

（一）历史教学方法的类型

一般来说，历史教学方法主要包括讲述法、讲解法、谈话法、图示法、讨论法、史料研习法、角色扮演法。倘若将历史课堂讲授与历史课堂活动加以区分，历史课堂讲授的基本方法包括讲述法、讲解法、讲读法、谈话法、图示法、演示法、板书法。历史课堂活动的主要方法包括讨论法、史料研习法、角色扮演法、竞赛法、制作法。

当然，历史课堂教学中的主体是教师与学生，如果按照主体因素的构成进行区分，又可具体划分为：

（1）以教为主的教学方法，包括讲授法（讲述法、讲解法、概述法）、图示法、史料研习法。

（2）以学为主的教学方法，包括自主学习、合作学习、探究学习。

（3）教与学并重的教学方法，包括讨论法、谈话法、角色扮演法。

需要强调的是，以上划分都仅是从某一维度或标准进行的，在历史课堂中，这些方法的运用却是综合并相互渗透的。

（二）历史教学方法的运用

教学方法是教学得以开展的基本条件，是实现课堂教学目标的基本途径，其运用需要结合每种教学方法的特点及具体情况进行。

1.讲授法的运用

讲授法是指以教师为主导，由教师以口述语言向学生传授历史知识的教学方法。此方法运用过程中，教师系统地、有组织地用言语传授特定的历史内容，达成预设的教学目标，而学生则尽可能地、完整无误地接受教师所传授的历史知识。讲授法是历史教学中最主要的教学方法。虽然历史课程改革中出现了许多新的教学方法和手段，但这些方法、手段都需要和讲授法相结合。讲授法是历史教学中既经济可靠，又最为常用的教学方法。在历史课堂教学中，讲授法又可分为讲述、讲解、讲读等不同形式。

（1）讲授法运用的基本步骤

步骤1：准备阶段。①制定明确的目标，拟定向学生传授的特定历史教学内容；②将要讲授的内容要点加以整理，循序渐进、由浅入深地呈现主题内容；③分析学生的总体特点。

步骤2：讲授的实施。①按照提纲所罗列的内容逐条讲授，尽可能地带有启发性，与学生原有的知识基础相联系；②讲授要按照历史时空、事件及历史人物的特点进行，比如，依据历史事件发生的先后顺序、发展过程以及历史人物的主要活动等；③涉及历史事件的讲述要尽可能体现其系统性、典型性，尽可能选取代表性情节；④对于次要内容，扼要地概括讲述，用以勾勒出历史的全貌和发展线索。

（2）讲授法运用须知

①讲授法运用的前提是假定所讲授的历史知识是有价值的和值得传授的；②教师需尽可能深入地掌握、理解所讲授的内容，对学生的相关知识背景也要有一定了解；③讲授时，要注意语言的简洁和清晰度，尽可能有感染力；④合理地调整讲授时间，适当地与其他教学方法相结合；⑤讲授法经济、省时，宜于传递较抽象的历史知识，但较易使学生养成被动的学习习惯，不易激发其创造性思维。

2.演示法的运用

演示法是指教师通过历史地图、图像、简表、实物等手段展示，促使学生掌握某一历史信息、概念或深化对某一历史问题认识的教学方法。涉及的因素主要有由教师亲自演示；演示的内容多为关于某一历史事件、人物或历史问题的内容信息；学生主要从观察中学习。演示法按照其演示手段的不同，可分为地图演示、图像演示、简表演示、实物演示等。

（1）演示法运用的基本步骤

步骤1：演示准备。①向学生介绍演示主题，告诉学生具体观察什么，注意什么，同时提出一些启发性问题；②讲解演示中涉及的相关知识。让学生在观察演示前对演示主题能有基本的认识，以便在观察时能把握重点，有所依循。

步骤2：进行演示。①适时把握演示时机。对于历史地图，可边讲述边演示；对于历史图像，可适当地运用描述或说明；对于历史人物图像，要描之以形，传之以神；对于历史事件图像，要描之以景，传之以事；对于没有文字介绍的教材插图，可做扼要说明。②演示历史地图要注意由简到繁，由局部到整体；演示历史简表或实物要做到重点突出，主题明确。③演示历史地图要注意讲清重要地名的历史变迁。④注意演示观察与相关的结论信息相印证。

（2）演示法运用须知

①演示准备阶段，要将演示的内容与对象、演示的基本步骤以及相关材料预

先设计好，把握演示的位置与出示时机；②实施演示阶段，要注意演示步骤，演示讲解要简洁明确；③此类演示方法可为学生提供观察学习的机会，创造多层面的信息交流与能力发展的机会，但要注意演示时间的分配及内容的协调。

3.史料研习法的运用

史料研习法是指师生共同对历史资料进行探讨研究的教学方法，也称史料教学法。史料研习法依据研习史料提出问题，强调引导学生通过解决问题，从而掌握历史知识，形成能力，培养相应的价值观与思维品质。

（1）史料研习法运用的基本步骤

①根据教学重点或难点，选定史料研习主题；②选择相关的历史资料，可以是第一手史料，也可以是第二手史料，利用适宜的教学时机提供给学生；③组织学生根据研习主题对材料进行辨别、分析与比较；④史料研习活动可与讨论的活动结合在一起进行。

（2）史料研习法运用须知

①史料研习可以培养学生分析、获取历史信息的能力；②能激发学生的问题意识，培养学生多方面、多层次的能力；③在史料研习中，选择的材料要恰当，教师指导要到位。

4.讨论法的运用

讨论法是在教师的组织和引导下，学生通过语言交流，从而达到预期教学目标的一种教学方法。与讲授法相比，讨论法能使学生更多地参与学习过程，对问题进行较为深入的探讨，提出各自不同的观点与见解。讨论法按照课堂讨论的组织形式，可分为对谈式的讨论、群体式的讨论与分组式的讨论。

（1）讨论法运用的基本步骤

①确定讨论目标，选择讨论内容；②根据需要合理分组，明确讨论形式；③组织实施讨论，最后概括总结。

（2）讨论法运用须知

①有关历史问题的讨论一般多用于对历史事件的因果分析、对事件和人物的评论；②讨论的问题应是学习的重点或难点；③要善于鼓励学生主动发言，围绕问题探讨，并把讨论引向深入；④要注意讨论时间的调控，善于与其他教学方法协调配合；⑤讨论做总结时，既要对讨论结果进行适当的评价，又要对讨论过程中学生的表现如材料的运用、观点的提出、表达的技巧等进行方法上的总结。

5.谈话法的运用

谈话法是指教师与学生在课堂上运用对话、问答的方法，其特征在于教师根据已有的知识和经验，围绕学习的重点内容提出问题，启发学生思考，引导学生获得有效的历史信息。按照谈话性质，可分为启发性谈话、概括性谈话、巩固性谈话、考查性谈话等。

（1）谈话法运用的基本步骤

①根据教学目标与内容，确定谈话主题；②提炼谈话内容中的问题；③采用合适的谈话方式，围绕谈话内容与目标进行；④对谈话结果做适当总结。

（2）谈话法运用须知

①不要过度地提复杂或模棱两可的问题；②要事先构思问题答案的范围与多种可能性，在学生没有进行思考或探索问题时，不要提供正确的答案；③不要把提问作为为难学生或惩罚学生的方式；④谈话要侧重对问题的探究。

6.角色扮演法的运用

角色扮演法是指学生在教师的指导下，根据教学内容中的人物要求扮演相应角色，通过角色扮演活动，加强对教学内容的理解和掌握的教学方法。历史课堂中的角色扮演旨在营造一种与历史情境相似的状况，以调动学生的学习积极性，发挥学生的想象力，使学生体验历史的真实情感。

（1）角色扮演法运用的基本步骤

角色扮演法的步骤，可参照下列模式进行：①

①使小组活跃起来。确定或引出问题；使问题明确、具体；解释问题所表现出的故事，探讨故事中的冲突；说明所要扮演的角色。②挑选参与者。分析角色；挑选角色扮演者。③布置舞台。划定表演的行动路线；再次说明所要扮演的角色；深入问题的情境中去。④观察者的准备。说明要注意些什么；指明观察任务。⑤表演。⑥讨论与评价。回顾角色扮演的过程，讨论扮演中存在的问题及所揭示的问题；设计下次表演。⑦再次表演。扮演修正过的角色；提出以后的行动步骤。⑧讨论与评价。同第六步。⑨共享经验与概括。把问题情境与现实经验、现行问题联系起来探索行为的一般原则。

（2）角色扮演法运用须知

①教师要预先选择主题，确定基本构想，建立要模拟的历史情境；②要事先

---

① 乔伊斯，丁证霖，等译.当代西方教学模式[M].太原：山西教育出版社，1991.

与学生一起讨论"剧本"和角色分配，并帮助学生对每个角色的表演进行准备，如研究相关材料、编写台词等；③可充分调动学生的积极性，让学生自行设计场景、情节、对白等；④角色扮演富有感染力，能促进学生的成长与发展，但难度较大，需要做好准备与调控。

7.自主学习的运用

自主学习是一种主动学习、独立学习，也是一种元认知监控学习。自主学习是新课程倡导的一种学习方式，一般具有以下特征：一是对自己学习活动的事先计划和安排；二是对自己实际学习活动的检查、评价和反馈；三是对自己的学习活动进行调节、修正和控制。

（1）自主学习运用的基本步骤

在我国，体现自主学习方式的课堂教学模式有很多，比如，尝试教学模式、自学辅导教学模式等。罗杰斯（Rogers）在非指导性教学中将自主学习分为五个阶段，即确定辅助情境阶段、探索问题阶段、发展学生洞察力阶段、规划和决策阶段、整合阶段。将以上阶段转化为课堂教学行为，可分为以下几个步骤：①认真组织教材，便于学生自学；②提出问题，激发学生的学习动机；③提供可选择的各种学习条件、情境和目标；④允许学生自己确立各种学习目标、计划和内容；⑤分组教学，学生共同学习，互助互学；⑥让学生自我评价学习成果。[1]

（2）自主学习运用须知

①要提供适宜的课堂环境；②提供合适的学习材料，便于学生自主学习，可对教材进行个性化处理，如，简略化教材、结构化教材等；③采用多种指导方式，鼓励学生参与课堂管理；④自主学习有一定难度，教学结构较松散，不便于在实际教学中大规模使用。

8.合作学习的运用

合作学习是一种以个体或群体之间相互合作为展开形式的学习方式，其特点在于：强调共同目标，为共同完成某一学习目标而合作；强调合作个体之间的相互配合与协调；强调个体目标与群体目标的同一性。

（1）合作学习运用的基本步骤

①合作学习要有明确目标；②合作学习要有示范、指导；③合作学习要有小组协作分工、交流与探讨；④合作学习要有评价。

---

[1] 郑金洲.教学方法应用指导[M].上海：华东师范大学出版社，2006.

（2）合作学习运用须知

①合作学习的理论基础涉及交往教学论、群体动力论、合作教育学等，其学习过程中的合作、交流具有重要价值；②合作学习要选择适宜的学习任务，为学生留下充足的学习时间；③合作学习能够培养学生的合作意识、集体观念以及多渠道获取信息的能力。但是，合作学习的实施需要教师做好充分准备，教师自身也需要较高的组织技巧。

9.探究学习的运用

探究学习是新课程倡导的一种学习方式。此种学习方式的特点在于学生学习主动，能有兴趣、有信心、有责任感地探索和解决问题，并在探究的过程中获取知识、发展技能、培养能力。

（1）探究学习运用的基本步骤

①提出问题，创设问题情境。包括：产生兴趣；构建现有知识；结合过去的经验，确定几个可能调查的方面。需要解决的问题是：我们要解决什么问题？我们为什么要探讨它？我们对问题已经有了哪些了解？②决定探究方向。包括：广泛搜集有关问题；辨别并提炼出主要问题；选取中心问题。需要解决的问题是：我们能做什么样的预测与假设？怎样解释它？应以什么为中心展开研究？③收集并整理资料。包括：通过各种途径、形式收集数据资料；组织和提供数据；通过分类形成或修正问题；比较、讨论问题。需要解决的问题是：我们能用什么样的信息？如何对信息进行分类？根据什么样的标准？能发现什么联系？得出什么结论？④学习者推测、得出结论。包括：解释获得的信息；形成并修正判断。需要解决的问题是：我们得出了什么结论？这些结论与我们的预测与假说有哪些异同点？

（2）探究学习运用须知

①探究学习的理论基础是发现学习理论与建构学习理论，要发挥学生的主动性，关注学生的个体差异。②探究学习需要让学生拥有更多时间体验探究过程，要注重为学生提供相关的支持条件。③要重视学生的发现与反思，关注学生的探究体验与感受。④注重教师自身的指导作用。

三、历史教学方法的综合性选择

每种教学方法都有各自的具体特点及优缺点，教学方法本身也无优劣之分。在历史课堂中，选择哪种教学方法最合适，还要综合地考虑各种影响因素，主要包括以下方面：

其一，分析教学内容。内容决定方法，教学内容是影响教学方法选择的重要因素，对教学内容的分析涉及宏观的整体的教材内容知识体系、微观的教学知识点以及比较集中的教学内容的重点和难点。上述三方面的内容分析可为教学方法的选择打下较扎实的基础。

其二，确定课堂教学目标。教学目标是教学活动的指南与出发点，课堂教学目标决定了课堂教学活动究竟要采取哪些方法与方式。具体而言，教学目标的类型与层次不同，所选择的教学方法也应有所差异。比如，对知识的理解与巩固可采取讲授法或演示法等；为训练学生的表达、合作等能力，可采取谈话法、讨论法等。

其三，依托教师自身的教学素质与学生的认知特点。一方面，教学方法要适合教师自身的教学素养，这是教学方法选择的主观条件。任何教师都具有各自的教育教学观念、历史学科知识、教学研究能力、语言表达能力等方面的个性特点，教学方法的选择需要考虑这些因素。只有教师具备这方面的素养，教学方法的选择才能扬长避短。另一方面，教学方法的选择还要考虑学生的认知特点及接受水平。学生处于不同年级，其知识基础、认知水平、能力特点、个性兴趣等都存在差异。只有了解了学生的基本特征，才能选择更适宜的教学方法。

其四，了解教学环境和条件。教学环境和条件主要包括教学媒体条件、教学空间条件、教学时间条件等。在现代信息条件下，教学媒体条件越来越先进，新的教学媒体层出不穷，功能越来越丰富，教学方法的选择需要考虑：教学媒体是否适合特定的教学内容，教学媒体是否适合学习者的智力水平与知识基础，教学媒体是否经济便利，等等。教学方法的选择还要考虑教学空间与时间条件，比如，讨论法、谈话法需要较多的时间，合作学习需要的教学空间较大，在选择教学方法时有必要考虑这些影响因素。

事实上，一堂历史课通常会综合地运用多种教学方法。各种教学方法的选择都是各种具体情况共同作用的结果。教师需要对各种教学方法进行整合，将教师的教法与学生的学法结合起来，将多种教学方法结合使用。

第二节　高中历史课堂教学策略的运用

一、何谓历史教学策略

教学策略是教学设计的重要组成部分。关于教学策略，教学理论界对其有很多界定，代表性观点如下：

（1）把教学策略看作实现某种教学目标而制订的教学实施的综合性方案。[①]

（2）教学策略是教师在教学过程中，为达到一定的教学目标而采取的相对系统的行为。[②]

（3）教学策略是教学设计的有机组成部分，是在特定教学情境中为完成教学目标和适应学生认知需要而制订的教学程序计划和采取的教学实施措施。[③]

（4）课堂教学策略指的是教师为实现教学目标或意图（指难以明确和无须明确的目标）所采取的一系列问题的解决行为。[④]

（5）教学策略是在特定的教学情境中，为实现教学目标而做出的并在实施过程中不断调适、优化，以使教学效果趋于最佳的系统决策与设计。[⑤]

（6）教学策略是教师为了实现教学目标，根据教学情境的特点，对教学的实施过程进行系统决策的活动。[⑥]

---

① 李康.教学策略及其类型探析[J].西北师大学报（社会科学版），1994（02）：75-78.

② 邵瑞珍.教育心理学[M].上海：上海教育出版社，1988.

③ 张大均，余林.试论教学策略的基本涵义及其制定的依据[J].课程.教材.教法，1996（09）：6-8.

④ 施良方，崔允漷.教学理论：课堂教学的原理、策略与研究[M].上海：华东师范大学出版社，1992.

⑤ 张兆芹.现代教学策略的制定及运用[J].教育导刊，1994（07）：6-10.

⑥ 蔡淑兰.论教学策略的结构[J].内蒙古师大学报（哲学社会科学版），2000（02）：81-84.

（7）教学策略是为了达成教学目的、完成教学任务，在对教学活动清晰认识的基础上对教学活动进行调节和控制的一系列执行过程。①

上述界定既有明显分歧，又呈现出一定共性。分歧表现：有的将教学策略视为综合性方案与系统行为，有的将其视为决策与设计，有的将其视为执行过程等。共性体现：教学策略有一定的目标，是在特定教学情境下为完成特定教学任务而产生的，包括教学方法的选择、材料的组织以及对师生行为的规范等。当然，也有观点将教学策略做动态、静态的划分，认为"教学策略具有动态的教学活动维度和静态的内容构成维度"，②并主张从对教学的动态谋划、研究过程、活动以及由此而形成的静态措施、方案来认识教学策略的内涵。

在历史教学设计中，教学策略显然更侧重教学方法选择、材料组织及师生行为规范的目标性与情境性，并更进一步契合特定历史学科内容的内在逻辑展开与整合。教学策略的选择与设计要更适应学生的历史学习心理，对应特定的历史情境，更能灵活地开发历史教学资源，从而为更地达成历史教学目标提供保障。

二、历史教学策略的主要特征与运用

教学策略与教学方法、教学资源、教学模式都有密切关系。历史教学策略的实质在于对丰富多样的教学方法、教学资源乃至教学模式进行合理的选择和优化，有针对性地提升教学质量。历史教学策略不仅是一种预定的设计，它还是一种在变动中形成的对决策结果的反映。

（一）历史教学策略的主要特征

1.综合性

在历史课堂中，教学策略是对特定情境中的教学内容、教学方法、教学目标等因素整体性地加以考虑，将它们的结构与功能进行整合。教学策略的目的在于通过对上述要素的选择与调控来提高教学效果，具体表现：在历史教学策略的设计上，要综合地考虑制约或影响策略设计的各种因素，从对教学目标的把握到对学情分析、教学内容的理解等都要从整体上进行设计。同时，针对特定范围、情境中的具体教学方法或措施等，要进行综合性的调适与优化，不仅重视教师

---

① 和学新.教学策略的概念、结构及其运用[J].教育研究，2000（12）：54-58.
② 李晓文，王莹.教学策略[M].北京：高等教育出版社，2000.

"教"的教学策略，而且要重视学生"学"的学习策略，以实现综合优化中的系统性整体效果。

2.可操作性

历史教学策略的根本任务是解决历史课堂中的具体问题。对教师来说，由历史教学策略产生的教学步骤或操作方案能够转化为教师的具体教学行为，从而有助于教学问题的解决与教学活动的展开；对学生而言，历史教学策略中所使用的具体方法、技术或实施措施能够转化为学生的有效学习行为，这些都具有可操作性的特征。

3.灵活性

历史课堂中的情境是复杂的。教学策略的多样性、教学情境的差异性决定了教学问题的解决需要根据具体情况，灵活地选择教学策略。在历史课堂中，教学策略没有唯一固定的范式，它需要根据情境的变化而变化。一方面，教师需要根据不同的教学目标，参照具体的学情，选择适宜的教学内容、教学媒体、教学方法等，灵活地将其组合起来；另一方面，教学策略在具体实施的过程中，需要根据具体的教学情境对具体的教学策略进行变通，具体问题具体分析。

（二）历史教学策略的运用

历史教学策略涵盖教师的教学策略和学生的学习策略，体现在实际课堂操作上是历史教学方法的灵活运用。历史教学方法针对特定的历史情境与问题，以达成特定的教学目标。历史教学策略强调方法的灵活运用，是对历史教学方法的超越。"教学有法，但教无定法"，在一定程度上说明了教学策略的意义。"无定法"强调没有固定不变的、包治百病的处方，需要针对具体的历史情境而运用不同的历史教学方法。

历史教学策略的结构由外化的方法系统和内化的监控系统两部分组成。历史教学策略更突出情境与问题、具体目标的指向性，其运用是在"目标—选择—反省—新情境—调整"的反复过程中不断展开，这个过程中的教学策略并非主观随意的，而是始终指向一定目标的。历史教学策略的运用，首先，要针对特定的目标，树立明确的教学理念；其次，要树立完整的观点，随着教学进程、环节及具体情况的变化，要注意教学策略要素的协调与整合；再次，历史教学策略要坚持以学生的自主学习为主，通过采用各种有效的形式去调动学生学习的积极性、主动性和独立性；最后，历史教学策略的运用不能照抄照搬，要在运用中有所变化，有所创造，关注教学策略在复杂教学过程中的多样化配合与变通运用。

三、合作学习策略的有效实施

作为新课程倡导的重要学习方式之一，合作学习无论在当前的公开课、大赛课，还是研讨课，乃至常规课中，都颇为"流行"。从理论上讲，合作学习能够改善传统教学中师生之间的单向交流，拓展学生获取课堂知识的信息来源，提高学生认知的广度、理解的深度、推理的质量、记忆的精确性，锻炼学生的语言表达、同伴协作能力。然而，在教学实践中，绝大多数课例中的合作学习不仅未能达成上述目标，反而常常流于形式，合作学习实施"泛化""走过场"。如何使历史课堂中的合作学习得以有效实施？以下，以"利用《清明上河图》探究北宋城市经济"为例，做具体探讨。

（一）合作学习要有明确目标

合作学习是围绕一定教学目标进行的。倘若合作学习没有明确指向，学生活动难免陷入无序、混乱，有时即便"轰轰烈烈"，也是表面光鲜，实质上仍然是"走形式"。在历史课堂中，常看到如下现象：教师一说"开始合作"，学生就立马与邻桌同学"兴高采烈"地讨论，然而，真正深入他们的合作就会发现，小组中的大多数成员根本不知道要干什么，要么左顾右盼，要么自说自话，敷衍了事。学习目标不清晰是导致合作学习"走形式"的重要原因。合作学习的教学目标一般包括两个层次：一是学术性目标，包括认知目标和情意目标。学术性目标必须根据学生的整体水平而定，还要与教学任务和教学水平相符；二是社交技能目标。[①]在上述两个层次的目标中，社交技能目标是依托学术性目标的达成过程而得以体现的。换言之，合作学习实质上是学习者的预想、观点与其他参与者不同意义的理解相碰撞、整合与相融以解决问题的过程，聚焦问题或明确任务是合作学习的逻辑出发点。在历史课堂中，若要进行合作学习，第一步要做的就是根据整堂课的教学目标、学习内容以及学生的认知水平，确立合作学习的共同目标。

---

① 蒋波，谭顶良.论有效合作学习的内在机制[J].中国教育学刊，2011（06）：33-36.

（二）合作学习要有适当示范、指导

合作学习有明确的学习指向，并不意味着合作学习就能有效地进行下去。鉴于合作学习以参与者独特的个体学习经验为前提，参与个体要最大限度地揭示和呈献解决问题的有效信息，以供合作集体交流、探讨，学生个体能否呈献有效信息就至关重要。在历史课堂中，由于合作学习的内容是反映"过去的"，学生在现实生活中不可能亲身体验，倘若学生缺乏探讨主题的相关知识铺垫和方法，合作学习便难以进行。

为此，合作学习要有适当的方法示范，以便于学生模仿、迁移。具体的示范操作可根据合作学习的内容性质，并结合合作学习的任务指向而采取不同的示范途径：或以旧引新，针对学生已有的知识经验，对合作学习内容进行加工、改组和概括，把具体的感性材料抽象、概括到具有规律性的认识方向上来；或通过比较，将合作学习不同部分的内容性质、特征揭示出来；或通过类比，先抽取合作学习内容中的典型部分，对其进行分析、总结后，再进行其他部分内容的合作探讨。

（三）合作学习要有协商、探讨与建构

合作学习是一种建设性的学习活动，其学习活动中的知识建构是显性知识和隐性知识之间不断互动和螺旋上升、量变到质变的过程，在此过程中，不仅知识、方法，而且情感、意志、人格也渗透其中。从其内在的知识建构过程来看，合作性知识建构过程要经历两个阶段：第一，静静思考阶段；第二，合作性联合建构阶段。[①]而合作性联合建构阶段必须要有合作学习成员之间的协商、探讨与建构。

合作学习的协商、探讨有助于拓展学生的认知视角，提升其认知水平。学生通常能将教师的语言转化为彼此间的"儿童语言"，因为他们通常比教师更清楚同学对什么内容不理解，更能关注到问题的有关特征，并给同学容易理解的解释。给予同学细心的帮助，可以鼓励辅导者改组和阐述学习内容，以便其填补理解的缺口，拓展新的观点，建构更为精细的知识。合作学习的研究表明，那些给予和得到精细解释的学生比那些仅仅给予和得到正确答案的学生学得更好。

当然，若使合作学习取得以上效果，还要以其协商、探讨的有效组织与实

---

① 汪航.合作学习认知研究综述[J].心理科学，2004（02）：438-440.

施为前提。协商、探讨对知识建构的"精制"机制包括联合建构性添加（在部分观念上把新观念与其他人的观念关联起来）、更正（用简单、无偏见的陈述更正某人的陈述），或者是辩证交换（不同意先前的陈述并提出抗辩），[①]而其加工性商讨在于企图抓住合作者产生的深层贡献，而不是仅仅重复表达一个人已经说过的东西，当发言人的陈述被听者当作要加工的输入时，一个陈述就被视为加工性商讨，发言人的输入被用于修改听者的心理模型或部分加入听者的知识库。据此可知，协商、探讨的关键在于合作学习成员之间能否形成"联合建构性添加""辩证交换"或"合作者产生的深层贡献"能否在协商者之间引发共鸣。在此过程中，教师的创造性集中体现在：将学生的探讨内容转化为具有潜在意义的问题，形成"磁力场"，吸引学生协商、探讨；通过对探讨信息的有效重组、合理整合，形成连续不断的兴奋点，促进协商与探讨的不断深入。

（四）合作学习要有评价

合作学习的实施效果取决于教师对合作学习理念与方法的理解与把握。合作学习是基于学生自主的、合作协商与互动对话的发展性学习活动，其深层的协商建构与持续性的对话拓展需要以合作学习对学习质量、效果的不断提升为前提，由此，合作学习过程中也渗透着评价。

合作学习的评价主要聚焦于学生，可分为增值性评价与相对性评价。增值性评价注重学生的纵向发展，体现于其自身水平的进步；相对性评价注重学生之间的横向比较，主要采用相互比较的方式，用于体现不同学生之间的效率差异。两种评价方式相结合，可通过自我比较与他人比较，使学生了解自身的学习成效，发挥合作学习的发展性功能。

合作学习中的每个学生都有机会发表自己的看法，倾听他人的观点，也有机会与他人互动而提升自己的人际交往技能。聚焦于学生的评价内容是多维的，合作学习评价既可关注学生在合作活动中的角色参与、活动方式、交往程度等社交技能方面的因素，也可考察其学习态度、学业成绩、情感认同等学术性方面的因素。不过，鉴于合作学习的社交技能目标要依托其学术性目标的达成过程来体现，合作学习评价就要以学术性目标为基础，兼顾相对性评价的同时，注重学生自身的增值性评价。

---

① 汪航.合作学习认知研究综述[J].心理科学，2004（02）：438-440.

　　需要指出的是，合作学习评价更重要的价值在于诊断。合作学习过程中渗透着丰富的信息，这其中既有学生的兴趣、情感与态度，也有其思维的方式、策略与认知水平，还有其与同伴交流的手段、技巧等。合作学习评价要综合考虑上述因素，对其中存在的问题做出诊断，以促使合作学习的不断深入与拓展。

第七章　高中历史课堂教学设计的实践探索

第一节　基于新课程标准的高中历史教学设计案例分析

一、新课程标准对历史教学设计的要求

解读课程标准、制订科学的教学目标、明确教学设计方向是高中历史教学设计的前提。在教学过程中，坚持学生在教学过程中的主体地位、调动学生的积极性是历史教学设计的关键；整理利用教学资源、突出教学内容重难点、优化情境教学设计环节是历史教学设计有效性的重要体现。

新课标要求历史教学设计要依据课程标准与教学目标，明确历史教学设计方向。

教学策略需要围绕课程标准与教学目标进行教学设计。以培养和提高核心素养为中心，解读课程标准，将培养和提高核心素养融入教学过程之中；推动素养的吸收，达到学业质量水平的要求，促进学生全面发展；通过剖析课标、分析学情，因地制宜地制定教学目标，提升教学目标的科学性和实用性，为历史教学设计提供方向。

《普通高中历史课程标准（2017年版）》明确提出："以培养和提高学生的历史学科素养为目标。"①核心素养作为进行情境教学设计的出发点和落脚点，以培养和提高核心素养为教学的最终目标。进行情境教学设计时，要有层次、有步骤地贯彻落实培养和提高核心素养的目标，逐步完成不同层次的学业质量要求。

---

① 中华人民共和国教育部.普通高中历史课程标准（2017年版）[M].北京：人民教育出版社，2017.

（一）高中历史教学设计要以培养和提高核心素养为着力点

高中历史教学设计是培养学生核心素养的路径之一。学生历史核心素养的培养不是凭空形成的，也不是"背书本"背出来的。对高中历史教学内容进行设计，将培养和提高核心素养的基本内容与要求融入高中历史教学设计过程中。在教学过程中，课堂活动以学生的参与为主，从做中学，培养学生自主学习、探究学习、合作学习的学习习惯，引导学生运用已掌握的历史知识和经验，发现、探究历史事件之间的联系，逐步提高历史核心素养，培养学生的历史学习能力，符合课程标准的要求。

（二）高中历史教学设计要制订以科学、合理的教学目标

高中历史教学设计需要对课程标准、教学内容以及学情进行分析后，制订科学、合理的教学目标。教学目标是实施情境教学设计的目的与方向，是情境教学设计合理性、科学性的重要保证。

1.从整体角度将培养和提高核心素养融入教学目标

从整体角度将培养和提高核心素养融入教学目标中，抓住教学内容的关键性问题，以解决问题的形式设计教学目标。根据对教学内容的分析，将培养和提高核心素养以问题的形式融入教学目标之中，使教学目标成为培养学生核心素养的具体目标，以便促进学生的全面发展。把握学习专题和教学内容的关键性问题，提炼出教学过程中的重点、难点。将重点、难点与发展、落实历史学科核心素养的培养和提高这一目标建立联系，将解决重难点问题作为培养历史核心素养的路径，为高中历史教学设计提供依据和方向。

基于学情和教学环境制定教学目标是教学目标得以实施的关键。教学目标必须围绕学情制订，在分析授课对象的知识基础、历史学科能力以及学习态度的基础上，调动学生对课堂的关注度和参与度，是教学目标可以实现和完成的前提。教学环境也是影响教学目标制订的因素之一，教学环境既可以为教学目标的实现提供资源，也能够制约教学目标的达成。教学目标的制订需要考虑到教学环境的情况，这是教学目标科学性的重要体现。

制订的教学目标要有可检测性。通过检测教学过程中教学目标的达成情况，分析学生对学习内容掌握、能力提升情况，进而衡量学生学业水平的完成度。可检测性是检验教学目标是否具有科学性的重要特征。

2.以科学的教学目标为教学设计方向

在以素养为核心的新课标背景之下，从核心素养、学情以及可检测性三方面阐述制订科学性教学目标的具体要求，为高中历史教学设计提供方向。

高中历史教学设计以科学的教学目标为方向。要求教学目标做到以下几个方面：首先，切合课程标准，落实培养和提高核心素养的要求。分析课程标准对于教学内容的要求，提炼信息，将培养和提高历史学科的核心素养融入其中，制订教学目标，强调核心素养的整体性。其次，关注学生发展，依据学情制订教学目标。分析学情，抓住教学过程中的关键性问题，将其融入教学目标之中，为高中历史教学设计提供方向。

二、基于高中历史新课标的教学设计案例分析

下面将以《全球联系的初步建立与世界格局的演变》为例，对本问题展开分析。

《全球联系的初步建立与世界格局的演变》教学设计

一、教学理念

《普通高中历史课程标准（2017年版）》提出培养和提高学生"唯物史观、时空观念、史料实证、历史解释和家国情怀"的素养为目标，使学生通过历史课程的学习，逐步形成具有历史学科特征的正确价值观念、必备品格与关键能力，促进学生的自主学习、合作学习和探究学习，培养创新精神，提高解决各种历史与现实问题的能力，在使学生建构正确的历史认识的过程中，落实立德树人的根本任务。

基于这一理念，本教学设计聚焦培养和发展学生的核心素养，以新情境下的问题解决为重心进行教学。通过合理整合教学内容，努力创设各种问题情境。通过基于史料研习的教学活动和以学生为主体的自主探究活动，提高学生学习、自我拓展知识、运用知识解决问题的能力。通过本课学习，培养学生学科能力，提高学生学科素养，使学生能够具备国际视野，树立正确的价值观念，为未来的学习、工作与生活打下基础。

二、教材内容分析

1.课标要求：通过了解新航路开辟所引发的全球性流动、人类认识世界的视野和能力的改变，以及对世界各区域文明的不同影响，理解新航路开辟是人类历史从分散走向整体过程中的重要节点。

2.教材内容：本节课教材从人口迁移、物种交换、疾病传播的视角阐述了新航路的开辟推

动了世界各地人口的迁移和动植物的大交流，改变了世界的人文地理格局和自然环境状态。从商品流动的视角，从印度洋贸易、大西洋贸易、太平洋贸易的角度分析商品的流动，特别是增加了丝银贸易和白银大量流入中国的内容，阐述世界市场初步形成以及中国与世界的互动；从殖民扩张对非洲、美洲、欧洲影响的角度分析世界格局的演变。与旧教材相比，很多内容是新增的，视野更加开阔。基于全球视野，既叙述了全球联系加强带来的进步影响，也分析了早期殖民的罪恶。课后的"问题探究"引用了马克思的经典论断，进一步增强了唯物史观的理论指导，夯实了教材的理论基础。

3.在单元中的地位：本课是必修模块《中外历史纲要》下册第三单元第7课，上承"第6课全球航路的开辟"，下启第四单元的资本主义制度的建立、第五单元的工业革命，既处于关键位置，又是理解新航路影响和世界联系加强的核心。

三、学情分析

学生在初中学习过新航路、早期殖民扩张的相关内容，有利于本课学习。但是对人口、物种、疾病、商品的世界流动等重点内容相对陌生，面临时空观念的挑战；早期殖民扩张引发的商业革命、价格革命、社会转型等内容是难点；基于新航路、殖民扩张对区域文明的不同影响，如何做出历史解释和培养家国情怀是重点，也是难点。

四、教学目标

1.掌握新航路开辟后人口、物种、疾病、商品等世界性流动的史实，培养时空观念。

2.了解早期殖民扩张给世界各地区带来的不同影响，以及全球联系的建立，培养史料实证、历史解释素养和唯物史观。

3.认识早期殖民扩张的负面影响，理解建立人类命运共同体的必要性，培养家国情怀。

五、教学重难点分析

重点是基于人口、物种、疾病和商品流动的全球联系的初步建立、早期殖民扩张对各区域文明的不同影响。难点是新航路开辟、早期殖民扩张西欧如何崛起、如何认识殖民扩张的历史影响。

六、教学设计思路

本节课教材文本围绕"全球性流动"、早期殖民扩张、世界格局的变动顺序展开阐述。与旧版教材相比，将新航路开辟的影响和早期殖民扩张内容进行了融合。基于课标的要求，本设计从两个层面进行板块设计：人与物的全球性流动和世界格局的演变。

本节课属于学生探究性学习的课堂类型。从教学设计上，构建以学生为主体的教学设计，问题设计采用"情境创设—问题设计—学生探究—教师点拨"教学模式，把学习主动权交给学生，培养学生的分析、理解、探究、归纳的能力，落实核心素养。

教学过程中采用图片、地图、文献等素材，创设不同情境，问题设计由浅到深。采用自主探究、合作探究、师生对话等多样化的教学方法，目的在于引导学生动手、动脑、合作学习。在学习中探究历史真相，建立大历史观，学会从不同角度来看待历史。通过本节课的学习，使学生认识新航路开辟后全球联系加强的潮流，同时树立反对殖民主义、反对霸权主义的意识，并认识当前世界构建人类命运共同体的重要性。

七、教学过程

[导入新课]

在联合国总部安理会会议大厅相对的两面墙上悬挂着的两幅巨作——《共同的家园》和《互动的世界》。它们的作者就是来自中国的艺术家王林旭。

《共同的家园》以毛竹为题，毛竹生于自然，长于自然，朴实坚韧，枝节挺拔，体现了家的茂盛和人的气节，新颖地诠释了人类对于美好生活的想象。

《互动的世界》以自然意象为轴，用鲜明的色彩关系和动感的形象变化，以超意象外的情感表达，呼吁人类超越文明差异和暴力冲突，寻求互动和共识。

两幅画作犹如两面明镜，向全体联合国成员国昭示着和平对于各个国家的意义，以及环境和气候对于全人类的影响。

历史向前推移500年，新航路开辟使人类开始建立起跨越大陆和海洋的全球性联系，从孤立分散走向一个整体。那么，这种联系是如何建立起来的？又给世界的发展带来了什么影响？这一节课，让我们一起走进历史，探索真相。（展示课题）

（一）从分散走向整体——人与物的全球性流动

历史的结论需要史实的支撑。请大家阅读史料，寻找世界走向联系的证据。

1.人口迁移

史料一：15世纪末到17世纪，伊比利亚白人大举移民中南美洲、加勒比海。到1574年，西班牙人移民总数达15万。到1590年，巴西的欧洲白人已有三四万。与此同时，印第安人便开始了锐减和被灭绝的过程，16—17世纪时锐减了约90%。在印第安人锐减的同时，欧洲人又大肆猎捕黑人，运入美洲供奴役。16—17世纪，英国人、法国人、荷兰人又大量移民北美，最后形成了今天美利坚人、加拿大人的主体。17—18世纪时，荷兰人、英国人又大举移入南非，形成了今天南非的白人。

——摘编自张箭《地理大发现研究（15-17世纪）》[1]

【问题探究】

问题设计1：根据史料信息，请在《世界地图》上用箭头画出15至18世纪人口迁移的方向。（具体过程略）

问题设计2：根据15至18世纪人口迁移的方向，请概括这时期人口迁移的特点。

---

[1] 张箭.地理大发现研究 15-17世纪[M].北京：商务印书馆，2002.

学生动手，教师点拨：

注意从以下三个角度进行解读：

（1）从宗主国向殖民地和附属地迁移，如英国向美国、加拿大、印度、澳大利亚等地迁移人口。

（2）从较发达地区向不发达地区及新开发区移民，如欧洲国家向拉丁美洲各国移居人口。

（3）从旧大陆向新大陆迁移人口，即亚、非、欧三洲人口向北美、拉美、大洋洲迁移。

教师总结：人口迁移的过程既是不同生产方式传播交流的过程，也是不同文明碰撞、交流融合的过程。它加速了落后地区的开发，改变了许多地区的人种和民族结构，推进了世界的物质和人文交流，促进了新的民族和文化的融合。

[设计意图]通过多维度创设问题情境，考查学生在新情境下如何解决问题，如何把问题解决好，以有利于检测和评价学生的历史学科核心素养水平。通过问题1的史料阅读和地图标注训练，引领学生理解史论结合、论从史出的史学原则，培养学生的史料实证和时空观念素养。通过问题2人口迁移特点的处理，引导学生学会搜集、整理、辨析、运用历史材料解释历史，培养学生的史料实证和历史解释素养。通过问题的训练，理解历史的多元性，培养学生的历史解释和唯物史观。

2.物种交流和疾病传播

教学点拨：地理大发现不仅促进了人口的流动，也促进了物种的流动。但是，物种的流动是客观的历史，不能随意穿越。

[镜头穿帮]

在新版电视剧《寻秦记》第二集中，古天乐饰演的项少龙在一对老夫妇家借宿一晚，临行前，老人家送他一包地瓜用以充饥。

问题设计1：老人的这份善良让人感动，但这包地瓜却被观众看成了笑话。为什么？

学生踊跃回答，教师小结：地瓜学名番薯，原产南美洲及安的列斯群岛，明朝时期才传入中国。因此这个穿帮的镜头穿越到了战国时期，提前消费了2000年。

"地瓜的前世"

史料一：番薯原产于中美洲。西班牙船在16世纪70年代将番薯运到了马尼拉，随后，一位中国船的船长瞒着西班牙海关，将番薯的藤蔓和塞进筐里的一卷绳子混在一起偷运了出去。他将这种走私来的植物带到了位于中国东南部、与台湾隔海相望的福建。当时中国正在饥馑之中。船长的儿子将番薯介绍给了福建巡抚，随后后者命令农民开始种植番薯（即外来的块茎）。饥馑结束了，其他地区也用番薯来解决食品问题。

——摘编自[美]查尔斯·曼恩《1493：物种大交换开创的世界史》[①]

问题设计2：番薯来到中国是偶然，还是必然？学生分组讨论。

---

① [美]查尔斯·曼恩著；朱菲，王原等译.1493：物种大交换开创的世界史 [M].北京：中信出版社，2016.

学生展示讨论成果后，教师点拨："番薯的藤蔓"是"偷运"来的，是偶然。但在哥伦布全球航行之后，物种的大量流动和交换已经成为潮流，番薯迟早会来到中国，因此又是必然。

"地瓜的今生"

史料二：明朝后期，番薯等美洲粮食作物传入中国后，逐渐得到推广。番薯"亩可得数千斤，胜五谷几倍"，大大缓解了"民食问题"，人们遂能腾出更多的时间、劳力和土地等去发展经济作物，社会生活的许多方面也因此深受影响。而粮食生产革命和人口爆炸互为因果，清代以来，人口压力不断增加，原本人烟稀少的广大山区，因为"老林初开，包谷不粪而获"和番薯"备荒第一物"的特性，番薯等栽种遍野，"生齿日繁"。"棚民租山垦种，阡陌相连，将山土刨松，一遇淫霖，沙随水落，倾注而下，溪河日淀月淤，不能容纳。"

——摘编自何炳棣、陈树平等人的研究成果

问题设计3：根据上述史料和所学知识，分析世界物种大交换带来了哪些历史影响？

教师提示辩证思考，学生思考回答，教师点拨：积极影响是促进了农业发展和人口增长；改变了人们的饮食结构及生活习惯；促进了人类文明的发展。消极影响是土地资源过度开发，破坏了自然环境。同时，导致了各种疾病的传播。

[设计意图]通过问题影视穿帮镜头的解读，拉近历史与现实的距离，培养学生的时空观念；通过问题2"偶然"和"必然"的讨论，认识新航路开辟后，世界物种交流是历史发展的必然趋势；通过问题3认识物种交换带来的积极和消极影响，两个思辨问题引领学生辩证思维，培养学生的唯物史观素养。

3.商品的世界性流动——世界市场的初步形成

地理大发现大大提升了海路在世界贸易中的重要性。此后，传统的印度洋贸易和新兴的大西洋贸易、太平洋贸易形成齐头并进的态势。世界各地区之间的经济联系不断加强，世界市场初步形成。

（1）印度洋贸易

葡萄牙经过几代人的努力，开辟了通往东方的好望角航线。虽然葡萄牙人不具备商品优势，但其很快在印度洋贸易中崛起，并在与阿拉伯商人的竞争中逐渐占据优势。

下列材料分别为葡萄牙轮船在亚洲的分布情况、运回欧洲船只的货物清单

表一　1525年葡萄牙轮船在亚洲的分布情况

轮船类型	数量	备注
战船	6	3艘在霍尔木兹
大帆船	11	5艘修理，2艘在卡利卡特
桨帆并用大木船	5	2艘在焦耳制造
桨帆并用轻快小船	4	3艘在卡利卡特
双桅帆船	4	1艘在马林迪
圆形和拉丁船	9	2艘在瓜答富伊角
海盗船	11	
小船	34	

表二　1505年和1518年运回欧洲船只的货物清单　（单位：千克）

商品名	1505年	1518年
胡椒	1 074 003	2 128 962
桂皮	8 789	1 342
肉豆蔻	－	986
紫胶	411	66 443
红檀木	－	27 978
丝绸	－	2 660
……	……	……
总数	1 121 959	2 242 112

——转摘自赵婧《葡萄牙帝国对印度洋贸易体系的影响》①

问题设计1：通过表一的"轮船类型"和"备注"，你获得了哪些信息？

教师点拨：轮船类型有战船、各种帆船（商船）和海盗船；备注中有地点信息，是葡萄牙占据的据点。

问题设计2：透过表一的信息可以看出葡萄牙在印度洋贸易中的特点是什么？

教师点拨：通过武力征服卷入印度洋贸易体系；占据要塞和商业据点来垄断印度洋贸易。

问题设计3：通过表二的信息，你发现"货物清单"有什么变化？

教师点拨：商品贸易规模扩大；商品种类增多，丰富了印度洋与欧洲之间的贸易内容。

问题设计4：综合表一和表二的内容，谈谈葡萄牙对印度洋贸易的影响。

教师点拨：延续了印度洋内部贸易航线；在与阿拉伯商人的竞争中逐渐占据优势；丰富了从亚洲运往欧洲的商品；连通了古老的印度洋贸易体系和新兴的大西洋贸易体系。

[设计意图]通过这一组问题的设计，从是什么，什么特点，有何变化，有何影响，问题层层递进，指导学生如何提取材料信息，如何解释历史、评价历史，培养史料实证、历史解释和唯物史观的素养。

① 赵婧.葡萄牙帝国对印度洋贸易体系的影响[J].全球史评论，2009（00）：128-140，277.

（2）大西洋贸易

引导学生阅读教材、大西洋"三角贸易"地图，能复述列举出"三角贸易"中商品流动的出程、中程、归程的基本史实。

结合教材对大西洋"三角贸易""罪恶"的论述，引用马克思对这一问题的评价，组织学生展开讨论。

【材料】美洲金银产地的发现，土著居民的被剿灭、被奴役和被埋葬于矿井，对东印度开始进行的征服和掠夺，非洲变成商业性猎获黑人的场所，这一切标志着资本主义生产时代的曙光。资本来到世间，从头到脚每个毛孔都滴着血和肮脏的东西。

——马克思《资本论》

问题设计：结合你对大西洋"三角贸易"的了解，谈谈你对"罪恶"和"曙光"的理解。

在学生回答的基础上，教师引导总结：其罪恶是导致非洲丧失大量劳动力，阻碍了非洲社会经济的发展；殖民者掠夺美洲，种族屠杀，带来了黑人奴隶制，造成了拉美长期的贫穷和落后。但是也促进了欧美资本原始积累，推动了资本主义发展；客观上有利于欧、美、非三大洲之间的经济、文化联系和近代整体世界的形成。"三角贸易"既是血腥的罪恶，也是新时代的曙光。

[设计意图]马克思的论述是理解"三角贸易"的理论支撑，通过解读论述，辩证分析"三角贸易"，对有价值的史料进行分析，用实证的方式对问题的要点进行探讨，以可靠的史料作为证据说明自己对问题的看法，培养学生的唯物史观。

（3）太平洋贸易

新航路开辟后，新兴的太平洋贸易成为世界贸易的新亮点，同时也加强了明朝中国与全球的互动。设计阅读表格，引导学生阅读教材，完成对基本知识的梳理。

表三　新兴太平洋贸易及其对中国的影响

主导国家	中转站	商品贸易	对中国的影响
葡萄牙	中国澳门	生丝、瓷器、白银	白银大量流入中国
西班牙	马尼拉	丝、棉、瓷、白银	白银大量流入中国

教师解读：16世纪后，海上贸易成为时代潮流。中国是当时世界上最大的经济体，既能生产广受世界欢迎的传统商品，也是最大的白银需求国之一。随着中外贸易的发展，大量白银源源不断地流入中国市场。接下来，请同学们以"白银：明朝中国与全球的互动"为题进行主题探究。

[形状之别]宋朝和明朝的银锭

问题设计1：明朝银锭与宋朝银锭相比，形状有什么变化？背后的原因是什么？

教师解读：宋、元时代中国的白银一般都是铸造成一种束腰型的块状。从明代开始，中国的白银一般都铸造成船的形状，俗称"元宝"。这种变化与海外贸易所带来的大量白银有着密切关系。

122

[数量之多]

西班牙帆船到中国来进行贸易，中国史料记载很多。明末时人记载，"其夷佛郎机也，其国有银山，有夷人铸作；银钱独盛。……若贩吕宋，则单得其银钱。"关于明代流入中国白银的估计，我国学者王裕巽通过对国内外史料的分析，认为明代中国从国外贸易中得到了超过3亿两的白银，具体数字为：从西班牙得到87 750 000两，从日本得到200 000 000两，从葡萄牙得到42 762 750两，总计为330 512 750两。

——韩琦《美洲白银与早期中国经济的发展》[1]

问题设计2：从材料可以看出这一时期的贸易格局有什么特点？

教师点拨：围绕白银输入的中国贸易网络逐渐形成。16世纪，全球化从海上拉开帷幕，白银成为促进全球贸易的重要因素。中外贸易的发展既促进了白银成为国际贸易的通用结算方式，也促进了世界市场的形成。

[影响之深]

中国白银时代自明代开端，白银作为中国主币行用直至1935年，长达约500年之久。以贵金属白银为征象，明代中国与两个重要历史拐点的开端相联系：一是中国古代国家与社会向近代国家与社会的转型开端相联系；二是世界一体化或称全球化的开端相联系。这使明代成为中国史上一个令人瞩目的重要时期。

——摘编自孙良玉《浅论明代白银货币化》[2]

问题设计3：如何理解材料中的两个"联系"？

教师点拨：一是白银大量流入中国，推动了中国货币的白银化，进而推动了中国社会的转型；二是白银货币化与中国走向世界紧密相关，促使中国与全球连接起来，在中国与全球之间建立了一种互动关系。

[设计意图]通过主题探究活动，认识这一时期的太平洋贸易使白银大量流入中国及其产生的深刻影响。通过问题1和问题2，引领学生提取材料信息，培养时空观念和史料实证素养。通过问题3帮助学生深化理解通过白银加强了明朝与世界的互动，培养学生历史解释素养。

教师总结：新航路的开辟开启了人类历史向世界历史转变的大门，人类历史随之开始了"大变动"：人口大迁徙、物种大交换、疾病大传播、商品大交流。世界开始连成一个整体，世界不同文明交汇，人类的命运紧紧地联系在一起，人类认识世界的视野和能力发生改变。在这个大变动中，欧洲无疑占得先机。它通过充满"血与火"的殖民扩张，打破了原本相对平衡的多元文明格局，确立了在世界格局中的优势地位。

（二）世界格局的演变——早期殖民扩张

1.教皇子午线的出台——瓜分世界的开始

问题设计1：教皇子午线是1493年5月在罗马教皇亚历山大六世的仲裁下，西班牙和葡萄

① 韩琦.美洲白银与早期中国经济的发展[J].历史教学问题，2005（02）：17-25.

② 万明.明代白银货币化的总体视野：一个研究论纲[J].学术研究，2017（05）：93-102.

牙瓜分殖民地的分界线。简要分析"教皇子午线"出现的背景、实质、影响和启示。

教师点拨：背景是西班牙和葡萄牙争夺殖民地，矛盾日益尖锐；实质是西方列强瓜分世界，划分势力范围。该线以西为西班牙的势力范围，以东为葡萄牙的范围；影响是平衡了葡萄牙与西班牙两大海洋强国一百多年的势力范围和殖民霸权争夺。

2.教皇子午线的名存实亡——新兴大国的崛起

葡萄牙、西班牙的崛起是因为率先迈出了开辟新航路和殖民扩张的第一步。但两国固守传统的经济模式，不思进取，缺乏创新，随着新兴国家的崛起和殖民掠夺，其衰落也不可避免。

问题设计2：以教皇子午线为界，17世纪上半叶，殖民国家各增加了哪些国家？说明了什么问题？

教师点拨：教皇子午线的约束力逐步名存实亡，荷兰、法国、英国崛起，在亚洲、非洲、北美洲建立了多个殖民地。英国先后打败西班牙、荷兰、法国，18世纪下半叶建立起"日不落"殖民帝国。

3.殖民扩张的影响——世界格局的变动

（1）欧洲的崛起

[欧洲餐桌上的变化]

新航路的开辟使欧洲的饮食生活发生了变化。美洲的可可，印度和马鲁古的香料，中国出产的茶叶、丝绸、瓷器，阿拉伯人的咖啡，以及来自东南亚国家的大米、白糖等都是大量贸易的重要商品。欧洲人第一次接触咖啡时，称这种诱人的饮料为"阿拉伯酒"。1615年，咖啡由埃塞俄比亚传到威尼斯，1643年传入巴黎，1650年传入英国，1686年传入荷兰。1689年，荷兰东印度公司订购了7.5万~8万磅咖啡，1695年增加到30万~40万磅。

——摘编自朱基福《新航路开辟：欧洲饮食文化的新篇章》[1]

问题设计3：新航路开辟后，欧洲餐桌上的饮食日益"世界化"了，你从史料中能获得什么依据？（食品来自世界各地，餐具来自中国）

问题设计4：咖啡传入欧洲的数量有什么趋势？说明了什么问题？（商品流通量成倍增长，说明世界贸易的规模不断扩大）

教师解读：随着海外市场的不断开拓，欧洲出现了商业革命。引导学生列表分析"商业革命"的基本内涵。

教师进一步解读：新航路开辟后，欧洲商人和殖民者在欧洲、非洲、美洲之间建立了直接的商业联系，初步形成了广阔的海外市场。商业革命促进了生产的世界分工和国际贸易的扩大，使欧洲商业资产阶级积累了巨额货币资本，从而推动了欧洲资本主义的发展。

["一夜"暴富]

据统计，从1502年到1660年，西班牙从美洲得到18 600吨注册白银和200吨注册黄金，到16世纪末，世界金银总产量中有83%被西班牙占有。16世纪时，西班牙称霸欧洲，盛极一时。大量的黄金、白银进入欧洲，引起货币贬值，物价飞涨。这次物价上涨涉及了工业和农业的各种

---

① 朱基富.新航路开辟：欧洲饮食文化的新篇章[D].吉林：东北师范大学，2007.

商品，上涨幅度前所未有，在时间上持续了一个世纪，所以在经济史上被称为"价格革命"。

——摘编自吴于廑、齐世荣《世界通史》①

问题设计5：出现"价格革命"的主要原因什么？有何表现？（根据教材归纳）

问题设计6：这次"价格革命"促进了资本主义发展和封建制度的解体，如何理解？（根据PPT解读）

教师总结：西班牙从新大陆掠取的财富助长了西班牙人的炫耀性消费。"西班牙成了财富的桥梁，成了欧洲的印度。"在很大程度上只是为他人做嫁衣。其所开辟的殖民地市场很快被英法等国的商品占领；其从殖民地掠夺的财富并未被自己国内的工农商业所吸收，而是辗转流入英法等国后，才转化为资本。总之，从殖民掠夺、经商贸易和奴隶贸易中，欧洲获得的财富最终转化为资本，资产阶级登上了历史舞台。人类社会开始进入大变革时代。

（2）非洲、美洲的灾难

血腥残暴的殖民扩张中断了美洲和非洲原有的社会发展进程，亚洲的古老帝国也受到了冲击，打破了原本相对平衡的文明格局。这不仅给非洲和美洲带来了灾难，也带来了长期的落后。

材料一非洲的愤怒：2001年，在南非德班举行的"第三届联合国反种族歧视大会"上，非洲国家普遍认为，欧洲的殖民主义和奴隶制度给非洲人民带来了深重灾难，这是造成非洲贫穷和落后的最主要原因。欧洲国家应向非洲进行道歉并赔偿损失。

材料二美洲的愤怒：在哥伦布发现美洲500年的纪念日，美国一位印第安人领袖谴责说："这是灭绝种族和悲痛的500年。哥伦布纪念日对我们来说是一个悼念日，是一个十分黑暗的日子。"

材料三欧洲的回避：在整个欧美社会，殖民主义的阴暗面被小心翼翼地回避着、淡化着，它总体上仍是一段值得夸耀的光荣史和冒险史，早期的殖民者也仍是被广泛传诵的英雄。

问题设计7：根据以上材料，谈谈应该如何看待历史上的殖民扩张？

学生回答，教师小结：一是站在美洲、大洋洲土著居民的立场上，殖民扩张导致土著居民被屠杀，文明遭到毁灭性的打击。二是站在非洲的立场上，殖民扩张给非洲带来巨大的灾难和人口的流失。三是站在欧洲的立场上，殖民扩张给亚非拉带来的发展与进步。

教师总结：马克思指出："冒险者的远征，殖民地的开拓，首先是当时市场已经可能扩大为而且日益扩大为世界市场，所有这一切产生了历史发展的一个新阶段。"资本主义为建立和扩大世界市场，就必须消灭各个国家和民族彼此孤立隔绝的状态。那些地域的和人为设置的种种障碍都被资本的膨胀和扩张所冲破，资本主义为自身的发展获得了更多更大的空间，各个民族的历史越来越成为世界性的历史。

[设计意图]通过问题1探究教皇子午线，认识其背景和实质，培养时空观念和历史解释素养。通过问题2，培养时空观念。通过选用贴近生活的情境材料，设计问题3、4解读商业革命的部分表现，理解商业革命内涵和影响，培养学生史料实证、历史解释素养和唯物史观。通过问题5、6，突破"价格革命"的理解，培养历史解释素养和唯物史观。通过问题7，从多元

---

① 吴于廑，齐世荣.世界通史[M].北京：人民出版社，1962.

角度审视殖民扩张，培养历史解释素养和唯物史观。

[课堂小结]

历史是最好的老师。漫长的人类社会发展史告诉人们，一部人类文明史就是各民族多元文明相互交融、互相促进的发展过程，是使历史成为世界历史的过程。新航路的开辟开启了人类历史向世界历史转变的大门，人口的迁移、动植物的大交流以及世界市场初步形成将人类的命运紧紧联系在一起。

前事不忘，后事之师。近代以来，西方大国大多走过对外殖民扩张和发动侵略战争的道路，推动了欧洲崛起，但给广大后发展国家带来了屈辱和血泪，留下了难以治愈的创伤。所有的殖民扩张道路都被历史判明为非正义的人类灾难之源，应遭到彻底摒弃。

在全球化的今天，国际社会还面临着恐怖主义、强权政治、战乱纷争和贫富悬殊、环境污染等许多问题。期待新型经济全球化的到来会越来越成为共识，成为世界各国各地区人民的共同意志和呼声。让我们关注全球治理的中国方案——构建人类命运共同体，实现共赢共享：

坚持对话协商，建设一个持久和平的世界。

坚持共建共享，建设一个普遍安全的世界。

坚持合作共赢，建设一个共同繁荣的世界。

坚持交流互鉴，建设一个开放包容的世界。

坚持绿色低碳，建设一个清洁美丽的世界。

——习近平2017年1月18日在联合国日内瓦总部的演讲

[设计意图]小结内容是本节课内容的总括和升华，引导学生感悟历史，反思历史。最后通过感悟习总书记在联合国日内瓦总部的演讲，认识当今世界构建人类命运共同体的必要性，培养学生的历史责任感和家国情怀。

八、板书设计

全球联系的初步建立与世界格局的演变
- 全球性流动
  - 人口迁移
  - 物种交流
  - 疾病传播
  - 商品流动
- 早期殖民扩张
  - 瓜分世界的开始
  - 新兴大国的崛起
  - 世界格局的变动

世界逐步成为一个整体

九、教学反思

本节课以全球性流动和世界格局变动为主线，设计两个板块讲述新航路开辟后的世界联系加强，以及早期殖民扩张对不同地区文明发展的影响。教学概念多、容量大、线索密、难度大。同时受课时限制，处理难度大，很容易造成教学重点不够突出。课堂模式以问题探究为主，涉猎了丰富的史料信息，设计了一连串的问题。但有些问题理论性强，批判性思维和政体思维要求较高，可能会导致学生在探究认知上存在难度。

　　本节课以历史学科核心素养立意，在教材处理、材料情境创设、探究性问题的设计方面做出了一些尝试。但设计中，教师预设的问题多，可能影响了生成性问题的产生和探讨。对历史材料的选择还应该多选择典型的、有价值的、有说服力的史料，进一步明确运用史料的目的，将史料的展示与问题的解决相结合，努力将学生对知识的学习过程转化为发展学生核心素养的过程。

第二节　基于微课的高中历史课堂教学案例分析

一、历史教学微课

　　历史教学微课是微课应用于历史教学的专业化成果，其本质属性是教育技术与历史学科的深度结合。历史教学微课既要符合微课通用的特征和规范，又要充分结合历史学科以及学校教学的现实情况。本研究所指的历史教学微课是微课在历史学科中的具体运用，它以服务历史学科的教与学为目的，是以历史微视频为载体，时长10分钟以内，围绕某一历史知识点、能力和素养或教学环节而设计并应用的数字化资源和课程。历史教学微课与一般微课相比，有一定的特殊性，主要表现为时长更短以便适应高中的教学节奏，视频风格要符合高中生的年龄特征，语言生动的同时要注意学科规范，主题选择更强调与课堂教学互补等。

二、基于高中历史微课的教学设计案例分析

　　下面以《明朝内阁制》为例，进行本问题的探讨。

（一）微课设计方案

内容来源	本节知识选自统编版高中历史必修一第4课	
主题名称	明朝内阁制	
知识点的选择	学习需求分析：从学生的内在需求来看，通过对××中学的访谈和网络调查问卷，以及相关习题测试，发现大部分的学生对此知识点掌握得较为模糊；从外在需求分析来看，新课标对本节课的要求是"知道明朝内阁制设置的相关史实，了解专制皇权对中国封建社会的影响"。课本中对本课中内阁制和宰相制的区别这一难点表述较少。因此结合内外学习需求来看，选取"明朝内阁制"作为本次微课的课题符合学生查漏补缺个性化学习需要	
教学目标	1.通过微课任务单的学习，能复述明朝内阁制设置的基本史实 2.通过相关材料的分析能够归纳内阁制和宰相制的区别	
教学用途	课中讲解的过程中利用微课学习任务单，深入理解明朝设置内阁制的原因、发展历程和影响等 课后辅导及复习，帮助学生理解内阁制的这一知识难点和重点，便于帮助学生排除疑难，巩固知识体系	
制作方式	演示文稿、录屏	
预计时间	10分钟左右	
微课内容设计		
教学过程	设计意图	
开场白：以一句简短的开场白自我介绍，然后以朱元璋的图片导入本节课的主题：明太祖朱元璋废除宰相制度后，逐渐设立了帮助皇帝处理政事的内阁制	以朱元璋的图片为切入点导入课题，激发学生的兴趣，层层深入，引导学生积极主动探究课题	
运用结构图介绍本节微课的学习目标： 第一，能够根据史料分析宰相制度废除的原因 第二，了解内阁制的发展，知道票拟和批红，能够归纳内阁制设置的影响 第三，归纳总结宰相制和内阁制的区别 第四，了解明朝内阁制与西方内阁制的不同	教学目标结构图的拟定，属于有关"明朝内阁制"这一知识点的逻辑排序。本次排序采用的是主题排序策略，把与明朝内阁制相关的主题：宰相制的废除、内阁制的发展、内阁制与宰相制的区别、明朝内阁制与西方内阁制的比较、习题讲解这五个主题进行有序排列。此外在讲解内阁制的发展中，还涉及运用螺旋排序的方法了解明朝内阁制的发展历程，以及其影响	

续表

教学过程	设计意图
展示《明史纪事本末》和《皇明祖训首章》两则相关史料，并且结合我们以前所学知识，归纳出明朝废除宰相制度的直接原因和根本原因	此处设计目的是提高学生的历史分析能力，能够通过现象发现本质。由明初宰相胡惟庸的骄恣专权这一直接原因分析出最为根本的历史原因还是皇权和相权这对矛盾
讲授废除宰相制度以后所造成的影响：君主专制进一步加强；皇帝政务繁多，身心疲惫。并穿插朱元璋处理政事的奏章图片	此处设计起到了承上启下的作用，总结宰相制废除的影响导致内阁制的出现
通过四位皇帝的图片以及结构图展开分析内阁制是如何逐步发展并最终确立的。扩充讲授票拟权和批红权	此处采用的是由时间顺序来展现内阁制的确立过程，帮助学生了解内阁制的建立
列图表分析归纳宰相制和内阁制的区别	这里通过表格中地位、职权、任免和影响四个方面来对比宰相制和内阁制的不同，使学生可以一目了然，对比清晰
通过表格对比明朝的内阁制和西方内阁制的不同	此处设计属于常识的积累，帮助学生更进一步明确明朝内阁制这一概念，避免与西方内阁制的混淆
习题讲解	选取一道客观题进行解析，帮助学生解答疑惑，查漏补缺
一句简练的话结束微课，并叮嘱学生完成学习任务单的课后检测	巩固新知

设计亮点：

第一，利用史料、图片文字等交替使用，避免教学内容单一枯燥，借以提高学生的学习兴趣，使学生和教师一起构建知识体系。

第二，整个教学内容的设计结合了主题排序的这一定序方法，从总体上构建了知识点之间的逻辑联系，教学内容完整。

注重学生的自主学习，配以相应的微课学习任务单，通过课前课后检测帮助学生明确学习任务。

《明朝内阁制》微课设计方案充分体现了细化理论中所提到的设计环节：知识点的选取、知识点的排序、知识点之间的逻辑联系。明朝内阁制这个知识点是符合学习需求的，明朝内阁制作为明清时期加强中央集权的一项重要政治制度，在人教版必修一整个政治史体系中占据了重要的历史地位。在知识点的排序和逻辑联系中采取的是主题排序和螺旋排序相结合的两个策略，分别讲授宰相制废除的原因、内阁制的发展、宰相制和内阁制的区别、明朝内阁制与西方内阁制的区别这四个主题，并且每一主题都进行了深入细化的解析。所有知识点的内在逻辑联系也可以从教学目标中展现出来。从本案例可以看出，通过运用细化理论，按照逻辑关系对知识点内容进行排序，微课教学目标不仅可以更简洁明了，还可以进一步具体化，使学生能够更加明确学习任务，提高学习效率。

（二）微课任务单设计

《明朝内阁制》微课学习任务单

学习目标	（1）能够根据史料分析宰相制度废除的原因 （2）了解内阁制的发展，归纳内阁制设置的影响 （3）归纳总结宰相制和内阁制的区别 （4）了解明朝内阁制与西方内阁制的不同
学习资源	人教版必修一第四课、PPT、互联网
学习方法	（1）课前浏览课本，了解朱元璋废除宰相制的直接原因 （2）学会独立思考，紧跟微课视频中教师的讲解，利用已有的知识，对新知识进行加工、体系化 （3）遇到较难的知识，可以暂停重复观看 （4）观看的过程中，在课本中标注笔记，以备随时复习
学习任务	（1）认真观看微课视频，做好课前预习准备 （2）提高史料分析能力，懂得运用图表对比提高理解和记忆 （3）完成本课相关检测题（自行上本班QQ群和微信群下载）
学习困惑	

微课任务单的设计能够帮助学生提供学习历史微课的自学方法和学习资源，使微课更加完整。在微课学习任务单中预设学生在自学中遇到的困难，在后期回收微课任务单的过程中，为教师后期改进微课和学生的巩固复习起到了一定的促进作用。

（三）微课评价

本节《明朝内阁制》的评价采用的是学生课后测试和访谈相结合的方式。针对课后测试，可收集历年高考有关明朝内阁制的题目，根据学生的总体完成情况撰写课后反思。随机抽取观看过本微课视频的学生进行访谈提问，就本节微课内容，笔者设计了如下访谈提纲：

关于微课《明朝内阁制》观后感的访谈提纲

访谈目的	了解某中学学生对《明朝内阁制》这一微课的观后感，为微课设计者后期改进提供依据
访谈对象	初步确定为××中学高一两个班级中各按学号随机选取十名学生
访谈方式	面对面访谈、使用QQ、微信语音访谈三种方式相结合
提问提纲	1.访谈开头语 你好，我是《明朝内阁制》这一微课的设计者，现在做一个访谈调查，有关你对《明朝内阁制》这一微课的观后感，耽误你10~15分钟的时间来完成本次访谈。本次访谈主要通过问答形式进行，访谈内容严格保密。为保证访谈的有效性，请真实地回答每个问题。如果没有异议，现在我们就开始了。 2.访谈问题设计 （1）你是否完整地观看了整节微课？你认为本节微课课题是否有效地帮助你解决了历史课堂学习中留下的疑问？ （2）请问对于本节微课的视频画面，你认为史学材料和图片是否简约合理？教师讲解的语速是否合适？ （3）请问你对本次微课教学内容知识是否较为全面地掌握了？还有哪些知识点理解不清吗？ （4）请你对本次微课评分或打等级并提出相关建议。 （5）对于下次微课的选题，你有何建议？ 3.访谈结束语 感谢你对本次访谈的配合，祝你学业有成！
访谈步骤	1.确定访谈地点 2.选取访谈对象 3.开始访谈并记录 4.访谈反思及评估

续表

可能遇到的问题	1.受师生关系的影响，被访学生回答问题可能会有倾向性 2.访谈期间，受访者不耐烦 3.访谈期间，被他人打断 4.访谈者敷衍回答
设想解决的方法	1.访谈前和被访者交流，告知访谈意图 2.提前选择较为安静的访谈地点 3.尽量控制时间在10~15分钟以内 4.也可以一对多访问，形成交流小组
访谈前携带的器材备注	1.记录的本子和笔 2.录音工具 3.访谈提纲

　　由于时间的限制，并未真正地实施本次访谈，但从课后与观看者的沟通交流来看，发现学生对于微课内容还是较为肯定的，提出的问题主要是微课视频趣味性不强、画面单调等，难以完全调动观看者的学习兴趣。对于这类反馈信息，究其原因，还是与微课教学素材的选择有着很大的关系。整合设计趣味性较强的教学素材是后期微课制作改进的方向。

结束语

新时期新课程改革对高中历史教学提出了新要求，注重培养学生的核心素养成为高中历史教学的主旋律，高中历史课堂应该培养出更多优秀的、符合时代需求的人才。因此，高中历史课堂教学设计也必须从根源上更新观念。

一、教学目标围绕核心素养

教学目标是教学设计的指南，只有树立了正确的教学目标，才能给教学设计指引正确的方向。在新课改的要求下，教师要将培养学生的历史核心素养作为教学目标，其中历史学科核心素养包含三个方面：正确的价值观念、必备品格、关键能力，在进行教学目标设计时一定要围绕着这三个方面展开。

二、教学活动突出学生主体

教学活动是实现核心素养教学的重要途径，在教学活动中要凸显学生的主体地位。因此，在新课改之后，为了更好地落实学生核心素养的培养，教师在教学过程中要转变观念，让学生成为历史课堂的主导者，教师起到指导和纠正的作用。

三、符合学生个性化特点

相比初中生而言，高中学生的思想更加成熟，学习过程中不仅重视书面知识的掌握，而且更加关注人物和事件背后的故事。因此，在高中历史教学中，教师要尽量满足学生的个性化特点，尽量让每个学生的学习需求都得到满足。如果在教学设计中，教师忽略了学生的特点，按照自己的想法进行设计，那么不仅会引起学生的反感，而且会造成资源的浪费，不利于高中历史教学效率的提高。因

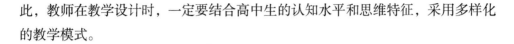

此，教师在教学设计时，一定要结合高中生的认知水平和思维特征，采用多样化的教学模式。

四、设计多元化教学活动

培养学生的唯物史观和辩证思维能力是高中历史核心素养教学的重要内容之一。教材中展现的历史事件、人文思想、艺术成果等，其中蕴含着鲜明的唯物史观。但教师在课堂上讲述有关唯物史观和辩证思维的理论知识时，很多学生不能很好地理解和掌握。因此，教师可以将其设计在多元化的教学活动中，让学生在活动中体会它们的意义和价值，即虽然有些历史事件不利于社会的发展，影响了社会经济发展的速度，但却不能片面地用正确或者错误来进行评判。

教学设计的最终落脚点是让学生在课堂上学到知识，提升学生的学科核心素养。在高中历史教学中，教师在教学设计时，教学目标一定要符合新课改的教学要求。教学设计要让学生成为课堂的焦点，调动学生的主观能动性，让学生将课本知识转化为学习能力。在培养和提高核心素养的教学过程中，教师的主体地位被削弱了，对教师的综合能力也有了更高的要求，且授课不再是以前的照本宣科，而是需要根据学生的特点和学习实情设计相应的教学方案，能够在课堂上组织多元化的活动来活跃课堂。在课程完成之后，教师需要针对学生的学习情况进行点评，并且对教材内容进行补充。因此，为了更好地落实高中历史核心素养教学，不仅需要历史教师提高自身知识储备量，而且需要历史教师具备一定活动策划能力。

参考文献

[1]赵克礼，徐赐成.中学历史教材研究与教学设计[M].西安：陕西师范大学出版社，2011.

[2]杨娟.基于高中历史核心素养的教学设计——以人民教育版《新航路的开辟》为例[J].教育教学论坛，2020（30）：213-216.

[3]毛欢欢.新课程下高中历史教学设计策略初探[J].农家参谋，2020（13）：276.

[4]杜会娟.高中历史教学中如何突出学生主体性[J].现代农村科技，2020（05）：84.

[5]邵长峰.高中历史校本课程的跨学科教学设计与思考——以《两京锁钥：山海关》一课教学为例[J].江苏教育，2020（27）：46-49.

[6]赵红安.核心素养视角下高中历史课程教学设计探析[J].成才之路，2020（09）：90-91.

[7]仇小军.新课标下的高中历史课程教学设计探究[J].成才之路，2020（07）：48-49.

[8]刘鑫.历史课堂教学问题的创意设计[J].中学课程资源，2020（02）：48-49.

[9]黄辉.谈课堂教学活动设计的优化在高中历史教学中的运用[J].才智，2019（35）：116.

[10]郑素云.多元视角设计历史作业 提升学生史料实证素养[J].新课程研究，2019（30）：12-13.

[11]尤昌荣.如何在高中历史教学设计中落实学生核心素养的培育[J].华夏教师，2019（31）：47-48.

[12]杨进玲，陈新民.指向核心素养的高中历史单元教学设计探讨[J].教学月刊·中学版（教学参考），2019（11）：8-12.

[13]陈迪.高中历史导学案设计策略[J].中国农村教育，2018（24）：110.

[14]孙斌，谢芳洁.试论高中历史教学设计中核心素养的落实[J].中学课程资源，2018（09）：49-50.

[15]赵元虎，阴菊霞.高中历史必修三导言课教学设计[J].中学历史教学参考，2017（21）：57-59.

[16]许育碧.对高中历史"学历案"设计的四个核心要素分析[J].课程教育研究，2017（35）：74-75.

[17]张天平.高中历史教学"微课程"设计探讨[J].中国校外教育，2017（23）：119-120.

[18]李剑云.高中历史以人物为主线的课堂教学设计初探[J].基础教育研究，2016（19）：64-65.

[19]姜慧.课题设计让高中历史教学"活"起来[J].课程教育研究，2015（32）：142.

[20]单秀娟.探究高中历史新课程的教学设计策略[J].中国校外教育，2015（26）：111.

[21]薛亚湘.高中历史教学设计要有整体设计观[J].中学课程资源，2014（11）：21，41.

[22]遵卫东.浅析高中历史教学的教学设计[J].学周刊，2014（25）：77.

[23]赵阳.对高中历史教学设计的思考[J].学周刊，2013（32）：145.

[24]臧国栋.高中历史"问题设计"教学的探索[J].学周刊，2013（30）：49.

[25]王玉英.高中历史主题式教学设计的收获与困惑[J].中国校外教育，2013（S2）：89.

[26]郭宏举.高中历史教学设计"四部曲"[J].甘肃教育，2012（14）：91.

[27]陆云江.高中历史课堂对话性教学设计策略[J].新课程研究（上旬刊），2012（04）：37-38.

[28]杨云萍.高中历史生成性教学探讨[J].开封教育学院学报，2011，31（04）：98-99.

[29]曾文锦.高中历史课堂教学设计的有效策略[J].中国民族教育，2011

（Z1）：51–53.

[30]温丽冬.浅谈高中历史课堂教学的最优化[J].延边教育学院学报，2010，24
（05）：162–163，166.

[31]张航.浅谈高中历史教学设计[J].教育教学论坛，2010（25）：179.

[32]鲍学红.高中历史学案设计与实施研究[J].成功（教育），2010（07）：
115–116.

[33]王海荣.高中历史教学设计应注意的几个问题[J].中国教育技术装备，2009
（13）：127.

[34]孙黎丽.新课程标准下的高中历史教学设计[J].科教文汇（上旬刊），2008
（01）：88.

[35]郑晓丹.高中历史有效教学的设计[J].科技咨询导报，2007（18）：169.

[36]王新艳，马光贤.浅谈高中历史教学手段的艺术性[J].潍坊教育学院学报，
2007（01）：55–57.

[37]王俊昌.新课程背景下高中历史教学设计策略初探[J].历史教学，2006
（06）：54–55.

[38]王德民.中学历史教学设计[M].芜湖：安徽师范大学出版社，2018.

[39]张德顺，朱林生.中学历史教学设计与案例分析[M].苏州：苏州大学出版
社，2017.

[40]仇世林.名师历史教学设计分析[M].济南：山东人民出版社，2011.

[41]陈家华.基于高中历史学科核心素养的教学设计[M].宁波：宁波出版社，
2018.

[42]宾华.中学历史课堂教学设计研究[M].长春：长春出版社，2012.